Alexander Tille

Aus den Ehrentagen der Universität Bologna im Juni, 1888

Alexander Tille

Aus den Ehrentagen der Universität Bologna im Juni, 1888

ISBN/EAN: 9783743612839

Hergestellt in Europa, USA, Kanada, Australien, Japan

Cover: Foto ©ninafisch / pixelio.de

Alexander Tille

Aus den Ehrentagen der Universität Bologna im Juni, 1888

Aus den Ehrentagen der Universität Bologna

im Juni 1888.

> Felsina, quae flores octo nunc saecla per urbem,
> Salve! Tu vigeas, tu, decus Italiae!
> Weimarische Zeitung.
>
> Tu, decus Italiae, tu docta Bononia, salve!
> Musarum sedes, saecula fausta vige!
> Deutschland.

Von

Alexander Tille,

stud. philos.

Vertreter der Studentenschaft der Universität Leipzig in Bologna.

Leipzig,

Druck und Verlag der Roßberg'schen Buchhandlung.

1888.

Preis 80 Pfennig.

Verlag der Roßberg'schen Buchhandlung in Leipzig.

Allgemeiner Biercomment und studentisches Conversations=
lexicon. Aufs neue bearbeitet von **Hans Conrad**. 3. ver=
besserte Auflage.   Eleg. cart. 80 Pf.

**Praktische Anweisung zur leichten Erlernung der Zirkel
und Farben der deutschen Corps,** herausgegeben von einem
Corpsstudenten.   50 Pf.

Vademecum für den Deutschen Corpsstudenten. 11. Auflage.
Mit Nachträgen bis Oktober 1887.   1 M.

Vademecum für den Deutschen Landsmannschafter. Mit
Nachträgen bis Winter=Semester 1887.   1 M.

Vademecum für den Deutschen Burschenschafter, zusammen=
gestellt von **E. Litten.** Mit Nachträgen bis Anfang 1888.
                                                          1 M.

    Diese 3 Vademecums enthalten eine Zusammenstellung der Farben,
Zirkel, Gründungsjahre rc. der genannten studentischen Verbindungen.

Wappentafel des A. D. C. Burschenschafter. 1886. Bild=
größe 68×53 cm.   12 M.

Praktisches Vademecum für den A. D. C. Burschenschafter.
1884.   60 Pf.

    Dieses Vademecum enthält eine übersichtliche und praktische Zu=
sammenstellung aller Burschenschaften, welche gleiche Namen, Farben,
Mützen, Stürmer, Zirkel rc. führen; ferner die Angabe der Fuchs=
bänder, Mützen rc., der Percussionen, eine genaue Altersfolge der
Burschenschaften, die früheren und jetzigen Cartellverbände, und vor
allem die Hauptdaten aus der Geschichte der deutschen Burschenschaft.

Verzeichniß der Stipendien und Beneficien, welche aus=
schließlich oder doch event. für Studirende an der Univer=
sität Leipzig fundirt sind. Zusammengestellt von Univer=
sitätsrath Dr. **Moritz Meltzer.** 1885.   1 M. 40 Pf.

Abgefaßt — fünf Monate Königstein! Eine kurze Schil=
derung der Festungshaft. Von **Arthur Haupt.** 1885. 50 Pf.

    „Einer der zahlreichen „Abgefaßten" schildert hier in harm= und
anspruchsloser Weise das Leben und Treiben der auf Königstein
internirten Festungsgefangenen. Die Broschüre wird Manchen, der
des Verfassers Schicksal getheilt, an die dort erlebten traurig-lustigen
Tage erinnern."

                            (Akademische Monatsblätter II. 6./7.)

Aus den Ehrentagen
der
Universität Bologna
im Juni 1888.

> Felsina, quae flores octo nunc saecla per urbem,
> Salve! Tu vigeas, tu, decus Italiae!
> Weimarische Zeitung.
>
> Tu, decus Italiae, tu docta Bononia, salve!
> Musarum sedes, saecula fausta vige!
> Deutschland.

Von
Alexander Tille,
stud. philos.

Vertreter der Studentenschaft der Universität Leipzig in Bologna.

Leipzig,
Druck und Verlag der Roßberg'schen Buchhandlung.
1888.

Während der Feier des achthundertjährigen Stiftungsfestes der Universität Bologna ist der Telegraph geschäftig gewesen, all die Berichte, welche ein Heer von Zeitungsreportern tagüber gesammelt hatte, allabendlich nach allen Richtungen in die Welt zu tragen, und über Europas Grenzen hinaus haben sich die Zeitungen mit dem großen Feste beschäftigt. Was jedoch berichtet worden ist, das waren im Großen und Ganzen nur nackte Thatsachen, Inhaltsangaben von Reden, Verzeichnisse der vielen anwesenden Ehrengäste und andere offizielle Dinge. Von dem Geiste und der Stimmung der Jubelfeier ein klares Bild zu entwerfen, das hätte wohl auch der geschickteste Berichterstatter nicht vermocht, während er sich inmitten der brausenden Festfreude befand. Erst hinterher gewinnt der Geist die nöthige Uebersicht, und die tausend verschiedenen Eindrücke schließen sich zu festen Bildern zusammen, um so im Gedächtniß haften zu bleiben für alle Zeiten. Eine Kette solcher Bilder enthält dies kleine Buch, das es unternimmt, aus großen und kleinen Zügen ein Bild des großartigen Festes zu entwerfen. Da der Verfasser das Glück hatte, so recht in der Mitte der Feststimmung zu stehen, so kann er um so eher hoffen, ein Gesammtbild zeichnen zu können, als der die Dinge objektiv betrachtende Berichterstatter, der von vornherein nur zweierlei Eindrücke unterscheidet, nämlich solche, welche sich zum Bericht an seine Zeitung eignen und welche nicht. Daß das Schriftchen an erster Stelle die Erlebnisse der studentischen Vertreter der Universität Leipzig enthält, wird dem Ganzen vielleicht einen eigenartigeren

Hintergrund geben, als wenn es ganz allgemein gehalten wäre.

Bereits zweimal hatte sich die Studentenschaft der Universität Bologna an die Leipziger Studentenschaft mit der Aufforderung gewendet, ihr achthundertjähriges Stiftungsfest zu besuchen, als endlich in Leipzig eine Studentenversammlung zu Stande kam. Es war am 2. Juni, also eine Woche vor dem Beginn des Festes. Das Ergebniß der Versammlung war der Beschluß, drei Vertreter der Studentenschaft,
   stud. phil. germ. Rudolf Schlösser,
   stud. pharm. Johannes Lüttke und
   stud. philos. Alexander Tille,
nach Bologna zu entsenden und durch dieselben eine Adresse in deutscher Sprache überreichen zu lassen. Eine Vertretersitzung vom 4. Juni faßte noch über einige Einzelheiten Beschluß und brachte die nöthigen Mittel auf. Drei Tage später segelten wir drei zu diesem Ehrenposten Auserkorenen dem Süden zu, wohl bepackt mit großen Koffern und kleinen Packeten nebst den nöthigen Barettschachteln; und alle diese hohlen Geräthe waren wohl gefüllt mit bunten Dingen, als da sind: Schärpen, Schleifen und blaugelb gefärbte Straußenfedern.

Unser Herz war leicht und reisefröhlich, um so schwerer aber waren unsere Brusttaschen; denn sie bargen einmal jene schwere Summe Geldes, mit der uns die Freigebigkeit unserer Studentenschaft ausgerüstet hatte, und sodann auch jene Unzahl von Papieren polizeilicher und nicht polizeilicher Art, welche uns und vor Allem unseren Schlägern, die wir ja nothwendig brauchten, um den jungen Damen von Bologna bei etwaigen Umzügen in möglichst ergiebiger Weise zuwinken zu können, freien Durchzug durch Osterrich das lant und freien Einzug in die blüthenreichen Gefilde Italiens sichern sollten. Zur Erlangung der nöthigen Pässe und der Bescheinigung seitens des österreichischen und italienischen Consulates, daß wir ehrbare Leute seien und daß unsere Schläger lediglich ganz löblichen Festzwecken dienten, hatten wir neunzehn verschiedene Schriftstücke nöthig gehabt, ein Grund mehr, um, gestützt auf die papierene Macht, die wir mit uns führten, so recht von Herzen reiseübermüthig zu sein.

Von einer Schaar Freunde an die Bahn geleitet, hatten wir Leipzig um Mitternacht verlassen. Ueber Hof, Regensburg, München, Kufstein, Innsbruck, Ala, Verona und Mantova flogen wir unserem Ziele zu. Als am Morgen des 8. Juni die Sonne aufging, waren wir schon weit drin im Bayernlande. Die Donau hatte bereits ihr graues Sommerkleid angezogen, und von blau-grünen Wellen war nichts zu sehen. Es war ein heller Tag und eine wunderschöne Fahrt. Aus einer Entfernung von zwei Stunden winkte links vom Berge die Walhalla herüber, die grünen Höhen kamen bald näher, bald wichen sie wieder zurück, und so ging es fort bis München, wo uns einige Freunde empfingen. Nach kurzem Aufenthalt eilte der Zug weiter, den Alpen entgegen. Es ist ein großartiges Bild, diese dunkelgrünen Bergzüge, auf deren Rücken weiße Schneestreifen blitzen, in der Ferne auftauchen zu sehen. Wie groß die Entfernung auch sein mag, die dunklen Gipfel heben sich von dem blauen Himmel mit solcher Schärfe ab, daß man ihnen schon ganz nahe zu sein glaubt. Und doch giebts bis zum Eintritt in ihr Gebiet noch viele Meilen zu durchfliegen. Lange sieht man nur rechts Voralpen liegen, dann tauchen sie auch links auf und treten von beiden Seiten immer dichter an die Bahnlinie heran, der sie von Kufstein an ununterbrochen nahe bleiben. Die Bahn hält sich meist dicht am Inn. Kufstein selbst ist ein außerordentlich freundlicher Ort und liegt unmittelbar am Fuße der Voralpen. Ueber dem Städtchen ragt die alte Veste gleichen Namens auf, die weithin nach Norden sichtbar ist, da ihr großer, altersgrauer Thurm in Folge des dunklen Waldhintergrundes scharf hervortritt.

Wir wußten, daß sich auch von Berlin und Heidelberg studentische Gesandtschaften in Bologna einfinden würden, hatten aber bisher noch nichts von ihnen bemerkt, und vermutheten daher, daß sie wohl den Weg durch den Gotthard

eingeſchlagen haben würden. Da ſahen wir in Kufſtein zu=
erſt von fern vier junge Männer, die gleich uns Schläger
mit ſich führten. Als wohlerzogene Leipziger Studenten
erkannten wir ſofort, daß es nicht Berliner ſein konnten,
denn Berlin ſchlägt ja Glocke und unſere Reiſegefährten
führten Korbſchläger. Als wir uns endlich eine Viertel=
minute vor Abgang des Zuges auf dem Bahnſteig trafen
und uns gegenſeitig vorſtellten, erfuhren wir, daß ſie die
Vertreter der Univerſität Erlangen ſeien. Wir ſetzten un=
ſeren Weg gemeinſam fort bis Verona, wo unſere Erlanger
Genoſſen übernachteten, während wir noch in derſelben Nacht
bis Bologna weiterreiſten.

Seit Morgens elf Uhr herrſchte eine entſetzliche Hitze.
Gleichwohl war die Fahrt wundervoll. Immer neue Bilder.
Dunkler Tannenwald, weißleuchtende Bergſpitzen, kahle Fels=
kegel, niederbrauſende Sturzbäche, grüne Thäler, ſaftige
Wieſenmatten mit kleinen grauen Hütten, ſteile Felswände,
welche mit einem Male alle Ausſicht verdeckten, und tief in
den Boden geriſſene Schluchten, welche plötzlich einen Aus=
blick in weite Ferne eröffneten, all das wechſelte in bunter
Folge und in immer neuen Zuſammenſtellungen.

Trotz der ungeheueren Steigung kommt kein Zahnrad
in Anwendung. Die gewaltige Berglocomotive gab un=
endliche Maſſen kohlſchwarzen Rauches von ſich, und der
Ruß, der geſchworene Erbfeind aller weißen Halsbinden und
tadelloſen Stulpen flog durch die Wagenfenſter herein, ſo
daß ich anfing zu träumen, ich ſäße bei offenem Fenſter an
meinem Schreibtiſch in der Sternwartenſtraße zu Leipzig,
wo es an einem Tage ſo viel Rußflocken giebt als in vierzig
Jahren Manna in der Wüſte. Ich träumte, daß der kleine
rothbraune Zwerg, der ſonſt auf meinem Schreibzeug zu
thronen pflegt, herunterſtieg und ſich ganz gemüthlich die
braunen Augen zu betrachten anfing, die aus dem erz=
gegoſſenen, ein mittelalterliches Schloßfenſter vorſtellenden
Rahmen auf den Schreibtiſch niederſchauten. Eben wollte
ich bös werden ob ſolchen Eingriffs in meine Rechte, da
weckte mich das Keuchen der Locomotive aus meinem Traume.

Gleich darauf wurde ich durch ein höchst ernstes Gespräch völlig in Anspruch genommen. Wir hatten nämlich soeben „eins gesungen" und standen nun vor der Frage, mit welchem Liede wir heute noch den Brenner und unsere Reisegenossen beglücken sollten. Wir befanden uns zwar nicht mehr „zwischen Frankreich und dem Böhmerwald", doch das thut ja bekanntlich nichts, und wir stimmten selbigen Sang an, nicht ahnend, an welch' schwere Wankelmüthigkeit er uns einst mahnen sollte. Als wir das Lied beendet hatten, tauchte die Frage auf, was wir wohl thun würden, wenn uns „die Bologneserin" bäte, zu singen — und wir waren sammt und sonders entschlossen, nach dem Norden hin zu singen:
"Nur in Deutschland, ja nur in Deutschland,
Da soll mein Schätzchen wohnen!"

Der Aufstieg zur Paßhöhe des Brenner geht ziemlich langsam von statten, aber ist einmal der Kamm des Gebirges überwunden, dann saust der Zug mit ungeheurer Schnelligkeit dem sonnigen Italien zu. An der Stelle des Inn begleitet jetzt der schäumende Eisack die Bahn, dessen brandende Wogen, von dem Schmelzwasser der Gletscher geschwellt, sich durch die tiefgelegenen Waldungen ergossen und in ihren wilden tausendfachen Wirbeln ein großartiges Schauspiel boten. Bald rechts, bald links tauchen Ruinen auf, um rasch wieder hinter dem nächsten Felsvorsprung zu verschwinden. Sterzing mit seinen freundlichen Häusern, die starken Werke von Franzensfeste mit ihren zahllosen Schießscharten, aus deren Tiefe die Geschütze drohen, Brixen mit dem weithin erkennbaren bischöflichen Schlosse, der enge Ort Klausen mit dem Benedictinerkloster Seben, das vom römischen Castell (Sabiona) zum Bischofssitz, vom Bischofssitz zur Raubburg und von der Raubburg endlich zum Kloster umgewandelt worden ist, fliegen gleich Traumbildern vorüber. Auf beiden Seiten schließen jetzt Porphyrwände die Bahn ein. Der Eisack taucht auf, verschwindet wieder und zeigt sich abermals. Ganz stetig werden seine Wogen ruhiger, bis sie endlich nur noch an dem Ufer entlang schäumen.

Bozen, Trient werden durcheilt, die Bahn tritt in das fruchtbare Etschthal, und allenthalben dehnen sich die eigenthümlich angelegten Weinpflanzungen aus, die einstens Goethe besonders anzogen und die er in seiner „Italienischen Reise" wiederholt erwähnt.

Roveredo und Mori liegen hinter uns, und wir sind in Ala, der italienischen Zollstation. Schon ist es Abends ein halb zehn Uhr, aber weiter geht es nach Süden. Wieder stellt sich eine mächtige Berglocomotive an die Spitze des Zuges und zieht ihn vorwärts durch die Nacht. Draußen wird es dunkel und still. Im Norden wetterleuchtet es in weiter Ferne. So oft ein gewaltiger Flächenblitz zuckt, zeigt sich uns ein Stück großartiger Apenninenschönheit, um augenblicklich in das frühere Dunkel zurückzusinken. In Verona winken uns die Erlanger Genossen noch einen Abschiedsgruß zu. Dann noch zwei Stunden nächtliche Fahrt. Es ist Morgens halb drei Uhr, und Bologna, das Ziel unserer Reise, ist erreicht.

Auf dem Bahnhof empfing uns ein wüstes Treiben, und obwohl es tief in der Nacht war, waren auch die Straßen nicht ganz ausgestorben. Allenthalben erblickten wir Vorbereitungen zu dem Feste, dessen Schauplatz Bologna in den nächsten Tagen werden sollte und von dessen Ausdehnung wir noch keinen Begriff hatten, obgleich wir wohl wußten, daß zugleich mit dem achthundertjährigen Stiftungsfeste der Universität drei große Ausstellungen in Bologna ins Werk gesetzt worden seien. Längs der Hauptstraße vom Bahnhof nach der Stadt waren hohe Tribünen errichtet, auf denen Tausende Platz zu finden vermochten, nach denen wir später oftmals hinaufwinkten, und von denen herab uns manch freundlicher Gruß aus schönen Augen und von schönen Lippen kam. Rothweiße und rothweißgrüne Fahnen wehten von den Pfeilern und mit ebensolchem Stoffe waren die Schranken selbst überzogen. Bald hatte uns der Wagen nach dem Gasthaus „Zu den drei Königen" gebracht. Glücklicherweise fanden wir sofort ein Unterkommen. Noch einmal lauschten wir aus dem Fenster auf die Straße hinab, aus der ein leises Summen emporklang. Dann zogen wir die Vorhänge dicht zu, damit keine Fliege Eingang finde und uns auch der bereits anbrechende Morgen nicht störe und legten uns nieder zu unserer ersten Nachtruhe in der Stadt= der Säulen= und Bogengänge, in dem altehrwürdigen, in ganz Italien durch seine schönen Mädchen berühmten Bologna.

In den Straßen drunten war es längst lebendig, als uns die Wärme aus dem Schlafe aufscheuchte. Ein verworrenes Gemisch von Stimmen klang von der Straße herauf, aus dem wir nur einige Worte wie limoni und ciriegie verstanden, während wir uns mit unserem cameriere am Abend vorher ganz gut hatten verständigen können. Unsere blaugelbseidenen Schärpen hatten sein ganz besonderes Wohlgefallen erregt; jedoch ob unserer Schläger schüttelte er bedenklich sein würdiges Haupt. Glaubte er, daß wir mit der Bologneser Polizei uns nicht besonders vertragen würden? Oder daß wir drei eine Ueberrumpelung ganz Italiens beabsichtigten? Wie dem auch sein mag, uns gegenüber hat er nichts davon verlauten lassen. Das Einzige, was er uns gegenüber bewiesen hat, ist ein ganz besonders ausgeprägter Sinn für Trinkgelder und eine außerordentliche Vertrautheit mit den Methoden, solche zu erhalten.

Unser erster Gang am Morgen war nach einem Kaffeehaus, wo wir die Bekanntschaft zweier Bologneser Studenten machten, von denen der eine, ein Mitglied des Festausschusses, sich unserer sofort in der liebenswürdigsten und aufopferndsten Weise annahm. Er führte uns zunächst nach dem Geschäftszimmer des Festausschusses, wo wir uns feierlichst als i rappresentanti degli studenti dell' università di Lipsia vorstellten und aufs freundlichste empfangen wurden. Mit uns zusammen traf der Abgesandte der Bukarester Hochschule ein, ein sehr netter, kleiner Herr, der aller möglichen Sprachen mächtig war, und nachmals mit uns nach Venedig reiste. Wir erfuhren, daß Tags zuvor achtzehn griechische Studenten aus Athen eingetroffen seien, daß die anderen Deutschen erst am Nachmittag und die Franzosen erst am Sonntag kämen.

Wir erhielten Eintrittskarten für die Kunstausstellung, die Musikausstellung und die Ackerbau= und Industrieausstellung und sonst für alle möglichen und unmöglichen Dinge, und zugleich einen Wohnungsanweis für den Albergo centrale von Cacciatori, ein mächtiges Gasthaus, das unmittelbar vor den berühmten schiefen Thürmen liegt, und nach dessen in der Nähe in der Via calzoleria gelegenem succursale wir auch sofort sammt unseren Besitzthümern übersiedelten. Dort standen zehn schöne Zimmer für die fremden Studenten bereit, und zwar war ein jedes für zwei bestimmt. Als die ersten, welche ankamen, bezogen wir das Eckzimmer und das unmittelbar daranstoßende Gemach. In dem ersteren hatten wir sogar einen kleinen Balcon, der uns später gute Dienste that, so oft wir herausgerufen oder herausgesungen wurden. Kaum hatten wir unseren Umzug vollendet, so erschienen auch schon eine Reihe Bologneser Studenten, in deren Ge= sellschaft wir eine Wanderung durch die Straßen unter= nahmen und die unermüdlich waren im Zeigen von Sehens= würdigkeiten.

Bologna ist eine Stadt von hundertdreißigtausend Ein= wohnern. Die Universität zählt sechzehnhundert Studenten und nicht vierhundert, wie Bädeker angiebt. Die Stadt ist der Bauart nach eine der schönsten Städte Italiens. An den Seiten der Straßen gehen von mächtigen Pfeilern ge= tragene hohe überdeckte Säulengänge, welche selbst in der Schwüle des Mittags Kühlung bieten. In kleinerem Maß= stabe finden sich diese Hallen in Bern wieder. Die Straßen sind eng, damit sie möglichsten Schatten spenden, und die Plätze verhältnißmäßig klein; doch blenden sie mit ihren weißen Steinplatten ein deutsches Auge ganz gewaltig. Von Bolognas Sehenswürdigkeiten hat Bädeker ein ausführliches Verzeichniß entworfen und wir getrauen uns nicht in Bezug auf die Betrachtung derselben irgend welche neue Gesichts= punkte aufzustellen. Gegen zwölf Uhr gingen wir in den Albergo centrale, um dort zu frühstücken. Wir hatten nur zwei italienische Begleiter bei uns, im Verlaufe einer Viertelstunde war unser „Gefolge" jedoch schon auf etwa

zwanzig Mann angewachsen, so daß wir bald vorzogen, für
die heißen Mittagsstunden einige Ruhe zu suchen.

Noch hatte es nicht drei Uhr geschlagen, als eine Schaar
Bologneser Studenten in unseren Gemächern erschien, um
uns nach dem Bahnhofe abzuholen, wo um fünf Uhr der
Empfang der fremden Studenten und der auswärtigen Ge=
schenke stattfinden sollte, an den man einen feierlichen Umzug
durch die Hauptstraßen der Stadt zu schließen beabsichtigte.
So betraten wir denn, von etwa fünfzig italienischen Com=
militonen begleitet, zum ersten Male in Wichs, d. h. mit
Schärpe, Barett, Stulphandschuhen und Schlägern angethan,
das Straßenpflaster Bolognas. Der Dichter des Nibelungen=
liedes sagt von Volker und Hagen einmal:

 Alsam tyer diu wilden   wurden gekapfet an
 die übermüeden helede.

Nicht viel anders ging es uns. Sofort sammelte sich
eine Menschenmenge um uns. Allerdings boten wir ja einen
den Italienern völlig ungewohnten Anblick dar, denn der
italienische Student trägt keinerlei Abzeichen, keine eigene
Mütze und hat auch keinerlei stehende Festkleidung, welche
der unseren auch nur entfernt entsprechen würde. Ebenso=
wenig giebt es studentische Vereinigungen oder auch nur
Zusammenkünfte. Es liegt das wohl im Blute des Italieners,
daß er aller „Vereinswuth" fern steht, die ja heute bei uns
im Schwunge ist. Wenn wir von unseren Vereinigungen,
unseren Kneipen und Festen, von Trinkbrauch und Zechrecht,
von Fechtboden und Mensur erzählten, sah man uns er=
staunt an, und ich mußte einem neuen Freunde aus Rom
versprechen, ihm einen deutschen Trinkcomment zuzusenden.
Uebrigens brachte nach einigen Tagen das erste Blatt
Bolognas einen Aufsatz über deutsches Studentenleben, in
dem natürlich mancherlei Unsinn stand. Der Geist des
deutschen Studententhums ist eben für den Fremden doch
nicht so leicht zu verstehen. — Um ein Abzeichen für die
Festtage zu haben, hatte die Bologneser Studentenschaft
nach einem Muster des dreizehnten Jahrhunderts eigene
Mützen anfertigen lassen. Alle Studenten trugen diese wäh=

rend der Festtage. Die Farbe gab die Facultät an. Die Literaturstudenten (Philologen) trugen weiße, die Juristen blaue, die Mediciner rothe und die Mathematiker (Naturwissenschaftler, Philosophen, Techniker) grüne Mützen. Da die Studenten fast immer in Schaaren einherzogen und außerdem fast alle fremden Studenten, die keinen Wichs trugen, ebenfalls jene Mütze anlegten, so gab dies ein außerordentlich buntfarbiges Bild, das durch unsere bunten Schärpen und Barettfedern noch mehrfarbiger gemacht wurde.

Nachdem man uns eine gute Weile durch die verschiedensten Straßen geführt, wobei unser Zug immer wuchs — denn jeder Student, den wir trafen, schloß sich uns an, und außerdem folgte uns eine Menge Volk — machte man bei dem mächtigen Gebäude der städtischen Sparcasse Halt und führte uns die Marmortreppen hinauf. Oben empfing uns irgend ein hoher städtischer Beamter, der uns eine lange Rede über das viele Geld hielt, welches in der Sparcasse sei und uns schließlich mit einer Reihe von Bildern beschenkte. Unterdessen war die Zeit vorgerückt, und wir wurden nach dem Platze geführt, auf welchem der Festzug, welcher nach dem Bahnhof gehen sollte, aufgestellt wurde. Unser Wagen war der erste, und vor uns ritten zweiundbreißig Bologneser Studenten in ihren bunten Kappen. Als wir durch die Straßen fuhren, füllten sich bereits die Tribünen mit Menschen, und das Gedränge auf den Straßen nahm zusehends zu, so daß die Pferdebahnwagen mehrmals Halt machen mußten. Schon unterwegs umtönten uns Hunderte von Evviva-Rufen, aber am Bahnhof überstieg der brausende Willkommsjubel alle Grenzen. Ich habe früher nie etwas Aehnliches gesehen. Ein Jeder wollte uns die Hand geben und es war nur ein Wunder, daß wir durch die ungeheure Menschenmenge, welche sich aufgestaut hatte, überhaupt bis an die Bahnhofspforte gelangten. Hier sorgte der Festausschuß für Platz, so daß wir eintreten konnten. Kaum aber waren wir in dem Gebäude, so drängte die Menge nach und ließ sich durch nichts mehr zurückhalten. Im Nu war der Bahnsteig überfüllt, wo wir unsere Mittags angekommenen Commilitonen von Heidelberg trafen. Um uns sechs schaarte sich die ganze Volksmasse. Schon standen auf allen Seiten die Gleise voll, und es war nicht abzusehen, wie die Gefahr beseitigt werden könnte; denn in wenigen Minuten mußte der Zug von Norden herangebraust kommen. Da verfiel der Vorsitzende des Festausschusses, Namens Pietri, auf den Gedanken, uns, die Veranlassung des Auflaufs, wieder vor den Bahnhof zu schaffen. Aber an ein Gehen durch das Bahnhofsgebäude war nicht zu denken; denn dort erdrückten sich fast die Menschen. So schlüpften wir denn durch eine seitliche Pforte durch mehrere Packräume und Höfe hindurch und gelangten auch glücklich in unsere Wagen. Kaum hatte man uns hier bemerkt, so begann auch wieder das Drängen nach vorn. Es war aber auch die höchste Zeit, denn bereits ertönte von fern der schrille Pfiff der heraneilenden Locomotive. Und nun ertönte es aus mehreren tausend Studentenkehlen: Evviva Lipsia, evviva Eidelberg, evviva Germania, evviva Padova, Pavia, Torino! Und dagegen halte es evviva Bologna, evviva gli studenti! und so fort ins Unermeßliche. Es war ein großartiger Augenblick, als der Zug donnernd in den Bahnhof einfuhr, ein paar Tausend Mützen in die Luft flogen und die donnernden Evviva-Rufe ertönten. Es war das erste Mal, daß wir solche Begeisterung erlebten. Aber uns waren noch ganz andere Dinge vorbehalten. Hätten wir in diesem Augenblicke in der Volksmenge gestanden, man hätte uns zerdrückt vor Liebe.

Der Eisenbahnzug brachte uns außer den Vertretern einer Reihe italienischer Universitäten unsere Commilitonen von Berlin und Erlangen. Bald saßen auch sie im Wagen, jedoch ohne Wichs; denn sie hatten nicht auf einen solchen Empfang gerechnet. Jetzt setzte sich der Zug in Bewegung. Voran auf einem von vier Ochsen gezogenen Wagen ein mächtiges Faß, enthaltend elfhundert Liter edlen Barbera, ein Geschenk der Studentenschaft Turins. Oben auf dem Fasse saß ein lebendiger Bacchus, der in jedenfalls nicht gemachter Begeisterung unermüdlich seinen Thyrsus schwang.

und ganz mit Laub umwunden war. Auf dem Fasse standen folgende Verse:

Ave, color vini clari,
Ave, sapor sine pari
Tu nos inebriari
   Digneris potentia.
Primum gotum, bibe totum
Ad secundum vide fundum.

Tertium erit sicut primum
Et sic semper bibe vinum,
Bibitores, exultemus
Vinum bonum quod habemus
Adaquantes condamnemus
   Ad aeternam tristitiam!

Dem Fasse folgte ein mächtiger Ochse, dessen Satteldecke die Aufschrift trug: Gli studenti universitari di Padova ai loro compagni di Bologna! Diesem Geschenke Padus folgte ein Wagen mit einem mächtigen Käse, der Gabe der Studentenschaft Pavias. Auf ihm thronte eine gleichfalls lebendige Ceres, bei welcher nur der dunkle Schnurrbart an einen Bolognefer Studenten erinnerte. Diese drei Geschenke rückten vorwärts unter dem Schutze jener zweiunddreißig Reiter. Dann folgten die anderen Wagen. Zuerst derjenige von Leipzig, in dem der Vorsitzende des Festausschusses, Pietri, mit Platz genommen hatte, dann Heidelberg, Berlin, Erlangen, dann noch gegen vierzig Wagen und um alle diese und hinter ihnen die Studenten von Bologna. Wir Leipziger und unsere Heidelberger Freunde saßen mit gezogenen Schlägern im Wagen und grüßten mit denselben allenthalben nach den Tribünen hinauf, von wo aus zahllose schöne Mädchen auf uns niederschauten. Wir alle waren der Meinung, daß wir noch nie in unserem Leben auch nur entfernt so viel schöne Gesichter und anmuthige Gestalten gesehen hätten. Unsere Fahrt glich einem Triumphzuge. Man jubelte uns zu, als ob wir eine Schlacht gewonnen, oder Italien von irgend welcher Fremdherrschaft befreit hätten. Am meisten aber tönte es: „Evviva Germania!" „Evviva Federico terzo!" Dazwischen klang es wieder:

„Evviva gli studenti Tedeschi, evviva Lipsia, evviva Berlino!" Und als wir wieder riefen: „Evviva Bologna!" und sich endlich Einer im Angesicht unserer holden Umgebung zu den Worten verstieg: „Evviva le belle ragazze di Bologna!" da brauste es von Neuem los, und der Jubel wollte kein Ende nehmen. So ging es durch die via Indepenbenza, die via d'Azeglio, die via Farini, die via Castiglione und die via Zamboni nach der Universität, wo der Zug endete. Wir stiegen aus und waren sofort wieder von unseren neuen Freunden umringt. Wir sagten ihnen, wir wollten nur einen Augenblick nach Hause gehen, um unseren Wichs abzulegen und ständen dann sofort wieder zu ihrer Verfügung. Aber da kamen wir schön an. „Euere Degen wollt Ihr ablegen, Euere Schärpen wegthun? Die sollt Ihr das ganze Fest anbehalten. Thut es uns zu Liebe, Ihr guten Deutschen!" so hieß es. Was sollten wir thun? Uns blieb eben nichts übrig, als volle sechs Tage täglich achtzehn bis zweiundzwanzig Stunden beschärpt und gegürtet einher zu schreiten. Und wir haben den guten Bolognesern den Gefallen gern gethan. Aber wenn Einer von uns in später Stunde vielleicht nur von zwei italienischen Freunden begleitet nach Hause entschlüpfen und Alltagsgewandung anlegen konnte, um sich dann unter der väterlichen Leitung Jener Bologna von einer etwas weniger „offiziellen" Seite anzusehen, dann hat er es immer gern gethan. Und es gab in der That auch in dieser Beziehung manches Sehenswürdige.

Einstweilen aber waren wir unserem Schicksal verfallen. Wir durften zwar einen Augenblick nach Hause gehen, man nahm uns aber das Versprechen ab, um neun Uhr insgesammt bei Hoffmeister, d. h. in der ersten Bierstube Bolognas, zu erscheinen. Wir hielten auch als biedere Deutsche getreulich Wort. Alle in der Stadt gelegenen Gasthäuser Bolognas haben zugleich den vor dem Hause gelegenen Platz in Anspruch genommen. Derselbe ist bei Tage durch ausgespannte Leinwand gegen die Sonnenstrahlen geschützt und trägt eine Reihe Tische und Stühle. Bald waren mehrere

Tischchen zu einer größeren Kneiptafel vereinigt und wir
begannen zur großen Freude unserer italienischen Genossen
das Bier in größeren Mengen zu vertilgen, als man dies
sonst in Bologna für angebracht und nützlich hält. Bald
waren fünfzig Mann um uns versammelt. Schon konnte
man ohne Lebensgefahr nicht mehr aufstehen, so dicht um=
drängte man unsere Stühle; da rieben wir nach deutscher
Weise den ersten Salamander. Natürlich auf Bolognas
schöne Mädchen. Donnernder Beifall. Das Getöse zog noch
mehr Menschen herbei, und als endlich aus unseren Kehlen
„Die Wacht am Rhein", „Keinen Tropfen im Becher mehr"
und gar ein „Gaudeamus igitur" erklang, da kannte der
Jubel keine Grenzen mehr. Als ich, um einen zweiten
Salamander zu commandiren, auf einen Stuhl stieg, merkte
ich erst, daß der ganze große Platz gedrängt voll Menschen
stand. „Das haben mit ihrem Singen die deutschen Stu=
denten gethan", bemerkte ein sehr bierehrlicher österreichischer
Doctor, der sich uns angeschlossen hatte und mit diesen
Worten zugleich seine Vertrautheit mit den dichterischen Er=
zeugnissen unseres Volkes beweisen wollte. Er erinnerte sich
jedenfalls im Augenblick nicht daran, daß er eigentlich von
Beruf „Antisemit" war, und wir müssen arg in Zweifel
stellen, ob er einen Beitrag zu dem Heinedenkmal zahlen
wird. Aber die Menge drückte zu sehr; darum beschlossen
wir auszuziehen. Wir führten den Plan auch sofort aus,
ehe er unmöglich wurde, und zogen in Begleitung von etwa
dreihundert italienischen Studenten durch eine Nebengasse
ab, um uns nach einem großen öffentlichen Garten zu be=
geben. Brausend scholl es durch die Straßen:

Bella è la vita Colla sua pipa
Dello studente Col suo boccale
Allegramente Fa carnevale
Senza pensier. D'ogni stagion.

Alla forca
I maldicenti
Ed allegri
Sempre stiam.

Dabei wurde ein solcher Lärm vollführt, daß in Leipzig die Polizei sicher zu Pferde eingeschritten wäre. Aber in Bologna ist man auch in dieser Beziehung sehr gemüthlich und nimmt es mit der Nachtruhe und deren Störungen nicht allzu streng. In dem Garten, der übrigens ziemlich mit Menschen angefüllt war, angelangt, nahmen wir allesammt auf einer hochgelegenen Terrasse Platz. Bald stand einer auf dem Tische und hielt eine Rede, bald noch einer, bald eine ganze Reihe. Von unten donnerte es Evviva Germania! herauf und von oben tönte es ebenso hinunter. Bald saßen wir in fröhlicher Tafelrunde abermals beim Biere versammelt und

"Sangen nach Studentenbrauch
So manchen schönen cantus auch."

Da klang es noch: "Deutschland, Deutschland über alles" und "Im Krug zum grünen Kranze". Als man uns mit Sang und Klang nach Hause geleitete, war Mitternacht längst vorüber, und als wir, ehe wir uns zur Ruhe legten, noch einmal nach dem östlichen Himmel sahen, da war's, als wollte sich dort schon ein junger Tag erheben. Doch wir trösteten uns damit, daß dies eigentlich gar nichts besagen wolle, da in Italien die Sonne bekanntlich sehr früh aufgehe und lauschten noch lange dem Jubel der abziehenden Studenten, die uns noch von unten die letzten Grüße zuwinkten.

Sonntag, den 10. Juni, war der erste offizielle Tag der studentischen Festfeier; denn die Festlichkeiten der Professorenkreise begannen erst am folgenden Tage. Die frühen Morgenstunden vergingen mit allerlei Vorbereitungen. Wir kamen endlich mit dem Auspacken zu Ende, aber noch war es nicht 10 Uhr, als uns schon eine befreundete Schaar abholte zu einem kleinen Frühstück, daß wir ja zeitig einnehmen mußten, denn um 12 Uhr sollten wir uns bereits im Hofe des Archiginnasio eingefunden haben, wo der Empfang der studentischen Vertreter der auswärtigen Universitäten stattfinden sollte. Auf dem Wege nach einem Wirthshause trafen wir den Vertreter der Universität Straßburg, stud. med. Otto Röther, der sich an uns anschloß und uns bald ein so lieber Freund wurde, daß wir künftig Alles gemeinsam mit ihm unternahmen. Wir waren nun im Ganzen vierzehn reichsdeutsche studentische Vertreter, und zwar drei von Berlin, drei von Leipzig, drei von Heidelberg, vier von Erlangen und einer von Straßburg. Berlin und Heidelberg trugen Vollwichs, d. h. hohe Stiefeln, weiße Hose und Pekesche, wir andern trugen den Frack unter unsern Schärpen. Berlin und Leipzig gingen in den Farben ihrer Universitäten, die Heidelberger gleichfalls, doch führten diese auch noch schwarz-weiß-rothe Schärpen bei sich. Unser Straßburger Freund trug immer die Reichsfarben, während die Erlanger jeder in den Farben der Vereinigung gingen, welcher sie angehörten. Berlin und ein Theil der Erlanger trugen Cerevis, die übrigen Erlanger und wir andern alle schwarze Sammetbaretts mit bunten Federn, welche den Farben unserer Schärpen entsprachen. Es war ein buntes Bild, wenn wir vierzehn deutschen Commilitonen durch die Straßen zogen.

Zum ersten Male waren wir alle am Sonntag Mittag im Hofe des Archiginnasio versammelt. Dieser quadratförmige Hof, welcher die Stätte aller größeren Feiern diese Tage über war, liegt inmitten des Archiginnasio und ist ein mächtiger Raum, wie geschaffen, einer großen Festversammlung zum Aufenthaltsort zu dienen. Ringsum schließen ihn mächtige Säulengänge ein, deren Bogen bis zur halben Höhe des Gebäudes gehen und auf sich eine zweite mächtige Säulengalerie tragen, welche den Schönen Bolognas als Zuschauerraum diente. Sonntag Mittag mochten — nach einer Angabe des „Resto del Carlino" — etwa 600 Damen da oben versammelt sein, meist aus den vornehmsten Geschlechtern der Stadt. Auf der einen Seite des Hofes, dem großen Eingange gegenüber, war ein hohes Podium aufgerichtet, auf dem der Tisch des Festausschusses stand. Davor waren auf einer großen Tafel die Glückwunschadressen der fremden Universitäten aufgestellt, unter denen sich eine mächtige erzgegossene Tafel besonders auszeichnete. Rechts und links vom Podium waren die Plätze der Professoren. Vor der Tafel mit den Adressen begann dann eine Anzahl von Stuhlreihen. Auf der ersten Reihe saßen wir Deutschen, dann folgten die Griechen und übrigen Ausländer, und sodann die Vertreter der übrigen italienischen Universitäten. Außer uns Deutschen waren von Ausländern noch vertreten die Universitäten von Athen, Bukarest, Holozsvar (Ungarn), Graz, Edinburg, Aberdeen, St. Andrews, Dublin, Upsala, Princeton (Vereinigte Staaten), Salamanca und Sevilla. An italienischen Hochschulen waren vertreten Cagliari, Camerino, Catania, Ferrara, Florenz, Genua, Macerata, Mailand, Modena, Neapel, Padua, Palermo, Pavia, Perugia, Pisa, Rom, Sassari, Turin, Urbino, Venedig und Portici. Glückwünsche waren eingelaufen von Bern, Gent, Helsingfors, Jassy, London, Oviedo, Prag, Utrecht, Würzburg u. s. w. Die Vertreter der einzigen französischen Universität, welche das Fest beschickte, die Vertreter von Paris, kamen erst am Nachmittag an. Außer uns Deutschen waren in eigener Studententracht anwesend die Engländer und Spanier. Ein junger adeliger Ungar war mit Urväter Hausrath ausgeschmückt; doch schien es mir, als ob es ihm unter seiner Pelzmütze und in seinem Pelzmantel unter den Strahlen der italienischen Sonne nicht sonderlich wohl sei. Wir Deutschen waren jedoch die Einzigen, welche Schläger führten und dieselben gebrauchten, d. h. natürlich zu äußerst friedlichen Zwecken, als da sind: Salutiren, Zusammenschlagen beim Hochrufen, Grüßen der Damen u. s. w. Da es in Italien verboten ist, irgend welche Waffen zu führen, machten unsere Paradedegen doppeltes Aufsehen und nicht nur bei den Italienern, sondern eben so gut bei den Fremden. Noch während der Festzeit ließ der „Figaro" eine äußerst kindische Abhandlung über unsere Waffen vom Stapel, in der er mit der Wahrheit etwas mehr als frei umging und unter Anderm sagte, es sei kein Wunder, daß die deutschen Studenten in Bologna so freudig empfangen worden seien, da sie durch allerhand Aeußerlichkeiten, bunte Schärpen und vor Allem durch mitgeführte Degen, zu gefallen gesucht hätten, welch

letztere bei den geringsten Anlässen aus der Scheide geflogen
wären. Nun, ein Jeder betrachtet eine Sache von seinem
eigenen Standpunkte aus. Jedenfalls ist eine solche Aeuße=
rung wenig höflich gegen die Bologneser Studentenschaft,
deren Gäste die Pariser Studenten eben so gut waren wie
wir. Wir zweifeln auch sehr, ob derartige Albernheiten von
diesen ausgegangen sind; denn die Pariser Gesandtschaft be=
stand aus fünf sehr netten und feinen Leuten. Dasselbe
Blatt erzählt, es seien einhundertundfünfzig deutsche Stu=
benten in Bologna gewesen, während unsere Zahl immer
nur vierzehn betrug. Auch eine Art Berichterstattung.

Als der Rector der Universität Edinburg, W. Muir,
in den Hof eintrat, wurde ein mächtiges Beifallsgetöse laut.
Um ein Uhr begann die Feier. Giuseppe Pietri, der
Vorsitzende des Festausschusses, hielt eine ebenso schwung=
volle wie begeisterte Rede, in der er uns alle auf das herz=
lichste begrüßte. Oftmals unterbrach ihn der Beifallssturm
seiner Commilitonen, und als er geendet hatte, wollte das
Evviva=Rufen kein Ende nehmen. Er gab in großen Zügen
ein Bild von der Entwickelung der Universität Bologna und
schloß daran eine Begrüßung der Gäste im Einzelnen. Als
er der Fahnen von Rom, Venedig und Pisa gedachte, welche
um ihn standen, und diese von ihren Trägern geschwenkt
wurden, gab es wieder unendlichen Jubel. Die Pisaner
Fahne war ganz zersetzt; hatte sie doch die Tage von Curta=
tone und Montanara gesehen.

Nach Giuseppe Pietri sprach der Vertreter der Univer=
sität Athen, Dr. A. A. Arealis, in französischer Sprache
und dankte den Studenten von Bologna in herzlicher Weise
für die Einladung zu ihrem Feste und die Aufnahme bei
demselben. Der Rede folgte ein stürmischer Ruf evviva la
Grecia! Nach diesem Griechen erhielt der Sprecher der
Leipziger Vertreter, stud. pharm. Johannes Lüttke,
das Wort. Er bestieg die oberste Stufe des Podiums, in
der Hand die Glückwunschadresse der Leipziger Studenten=
schaft, indessen wir andern beiden Leipziger rechts und links
vom Podium auf der untersten Stufe uns aufstellten und

mit dem Schläger salutirten. Stürmisches evviva Lipsia-Rufen, ehe er noch begann. Als es still geworden war, hielt unser Genosse eine Rede in italienischer Sprache, welche durch fortwährendes Beifallsrufen unterbrochen wurde. Sodann las er die Glückwunschadresse vor. Als er geendet hatte, brauste der Jubel vielleicht fünf Minuten lang durch den weiten Raum. Darauf hielt ein Vertreter Berlins, Otto Siegismund, eine kurze, schneidige, deutsche Ansprache, während welcher seine Genossen gleich uns salutirten. Er wies auf die Wichtigkeit und Bedeutung des Festes hin, kam zuletzt auf das deutsch-italienische Bündniß zu sprechen und schloß mit dem Rufe evviva Italia, indem er den Schläger zog. Wiederum brausender Beifall. Sodann sprachen noch der Vertreter von Rom im Namen der italienischen Universitäten, sodann der Vertreter von Parma und ein Dr. Tedeschi im Namen der italienischen Studenten in Graz. Damit schloß die schöne Feier. Man zerdrückte uns fast, und wir konnten nicht genug die Hände reichen. Im Vorübergehen lernten wir noch einen Conte Camillo Raineri Biscia kennen, einen äußerst liebenswürdigen und geistvollen Herrn, der uns nochmals in sein Haus einlud und in dessen Familienkreise wir einige der schönsten Stunden verbrachten, welche wir in Bologna überhaupt erlebt haben.

Aus dem Festsaal ging es in ein Nebengemach, in welchem ein großartiges Buffet aufgestellt war, an welchem wir uns an allem Möglichen erlabten. Hier bekamen wir auch zum ersten Male aus dem mächtigen Fasse zu trinken, das die Turiner Studenten den Bologneser Commilitonen zum Geschenk gemacht hatten. Von allen Seiten reichte man uns Erfrischungen mannigfacher Art, weit mehr, als wir in Wirklichkeit genießen konnten. Ja, hätten wir nur das Zehntel zu uns genommen, wir wären sicher am Abend sammt und sonders tobtkrank gewesen. Um diesem schweren Geschick zu entgehen, flüchteten wir aus dem Jubel auf die Galerien hinauf und ließen uns dort einigen reizenden Bologneserinnen vorstellen, mit denen wir uns erst italienisch und dann französisch unterhielten. Hierbei hatten wir zum ersten Male Gelegenheit zu beobachten, wie unser des Italienischen unkundiger Genosse das „ewige Volapük der Liebe" sprach, nachdem er seine Thätigkeit auf dem Gebiete dieser Sprache damit begonnen hatte, daß er „die ganz allgemeine deutsche Sitte des Handkusses" auch auf Italiens Boden oder vielmehr auf die zierlichen Händchen seiner Mädchen übertrug.

Kaum war hier der Festjubel verklungen, da führte man uns schon wieder hoch zu Wagen nach dem Theater Brunetti, wo der berühmte Dichter Enrico Panzacchi eine Rede halten sollte. Panzacchi ist ebenso wie der als Dichter noch berühmtere Carbucci Professor an der Universität Bologna, und beide werden von ihren Studenten auf den Händen getragen. In den Logen des Theaters war abermals der Damenflor Bolognas reich vertreten, während der ganze untere Raum von den Studenten mit ihren bunten Mützen ausgefüllt war. Panzacchi sprach von der Bühne aus, auf welcher sich außer dem studentischen Ausschuß auch noch Carbucci befand, den man durchaus dazu bringen wollte, auch zu sprechen, der aber nur einige Worte sagte, kurz und treffend, die ihm einen ungeheuren Beifall eintrugen. Die Festrede, welche Carbucci am nächsten Tage hielt, war abgesehen davon, daß sie zwei Stunden dauerte, gewiß großartig, aber doch merkte man aus ihr, und namentlich aus der Art, wie sie vorgetragen wurde, deutlich eine gewisse theatralische Mache heraus, welche störte. Auch Panzacchi hatte die Absicht zu wirken, aber man merkte sie nicht, und darum wirkte er tief und nachhaltig. Und es war wahrhaftig kein Wunder, daß man ihn immer wieder unterbrach, bis er endlich erklärte, er werde nicht weiter reden, wenn man immer schreie; denn er sprach ein Italienisch, welches hinreißend war, selbst für uns, die wir die schöne Sprache erst seit wenigen Jahren aus der Grammatik kannten und die sie erst seit wenigen Tagen lebendig mit ihrem süßen, schmeichelnden Wohllaut umtönte. Und er sprach so klar, daß man jeden Satz, jedes Wort deutlich verstand und bequem folgen konnte. Seine Worte klangen wie Musik und seine Bilder nahmen förmlich gefangen. Es war eine Begrüßungsrede, und der Dichter bewegte sich vorzugsweise auf dem Boden der Literatur. Sein erstes Wort galt den italienischen Studenten. Dann sprach er von den Geisteshelden Italiens, von Dante, Galileo, Vico und Langrangia. Von ihnen ging er über auf das Geistesleben Griechenlands, um über Camoëns, Cervantes, Voltaire und Benjamin Franklin, über Spinoza, Shakespeare und Milton auf Goethe und Schiller zu kommen, bei denen er etwas länger verweilte. Er sprach von den geistigen Anregungen, die Italien dem Ausland gegeben hat und die ihm tausendfach zurückgezahlt worden sind, und von Italiens Stellung in der Weltliteratur. Ein unendlicher Beifallsjubel lohnte den Dichter, und er hatte ihn gewiß verdient.

Die Presse Italiens berichtete sehr verschieden über all diese Begebenheiten. Um zwei Gegensätze zu haben, brauchte man nur den vorzüglich geleiteten „Resto del Carlino" und die „Italia" zu vergleichen. Der „Resto del Carlino", das erste Localblatt Bolognas, brachte all die Festtage über Aufsätze über die Vorgänge in der Stadt in seinen Spalten, um deren Eleganz manche große deutsche Zeitung Ursache hätte, jenes Blatt zu beneiden. Von Blättern unserer Heimat oder von französischen Zeitungen bekamen wir verhältnißmäßig wenig zu sehen.

Der Nachmittag brachte uns eine halbe Stunde Ruhe. Noch war es nicht vier Uhr, als einige Herren des studentischen Ausschusses bei uns erschienen und uns aufforderten, mit nach dem Bahnhof zu fahren und die französischen und anderen fremden Studenten, welche um fünf Uhr ankamen, mit zu empfangen. Als Gäste hielten wir vier Anwesenden es für unsere Pflicht, dem Wunsche unserer Gastgeber Folge zu leisten; denn wir hatten uns vorgenommen, uns zu keinerlei Chauvinismus verleiten zu lassen. In zwei Wagen fuhren wir nach dem Bahnhof. Dort trafen wir die englischen Studenten bereits an und auch die anderen Fremden fanden sich bald ein. Ein Herr vom Festausschuß führte uns auf den Bahnsteig, und bald brauste der Zug herein

und brachte eine ziemliche Menge studentische Gäste nach
Bologna. Darunter waren auch die fünf Vertreter der
Universität Paris, welche ihre Fahne mit sich führten. Von
uns Deutschen hatten Berlin, Straßburg und Heidelberg
Fahnen mit in Bologna, aber natürlich nicht mit am Bahn=
hofe. — Stürmischer Jubel. Evviva Parigi! Vielfache
Umarmungen nach Südländerart. Bald gings zu Wagen
nach der Stadt, voran die Franzosen und die anderen neu
Angekommenen. Unmittelbar dahinter folgten unsere beiden
Wagen, in deren ersterem ich mit noch einem Leipziger Ge=
nossen saß, während der zweite den dritten Leipziger und
unseren Straßburger Freund trug. Während des Zuges
schoben sich jedoch mehrere Wagen dazwischen hinein, so daß
wir getrennt wurden und uns nur immer die Rufe evviva
Germania, evviva Lipsia, evviva Strasburgo, evviva
Eidelberg! umtönten. Da drängte sich ein Schwarm Stu=
denten an unseren ersten Wagen. Im Nu war der Gaul
ausgespannt, der Kutscher vom Bocke entfernt, und von un=
seren italienischen Commilitonen gezogen, gings mit großer
Geschwindigkeit vorwärts. Unserem zweiten Wagen that
man das Gleiche, und während die Kutscher mit ihren
Mähren hinterher trotteten, bogen unsere Freunde mit un=
seren beiden Wagen seitwärts aus dem Zuge und nun gings
auf der Via Independenza längs des Zuges hin, so daß
wir bald an dessen Spitze angelangt waren. Der erste
Wagen führte die Pariser Fahne. Als wir bei ihr an=
gekommen waren, betrachteten uns die Pariser mit erstaunten
Blicken. Sie waren sichtlich verwundert über unsere im
Fluge erworbene Beliebtheit. Doch sie hatten kaum Zeit,
dies zu denken, denn schon hielt auch ihr Wagen, und man
entfernte ihnen gleichfalls das Roß, um sie dann gleich uns
nach der Stadt zu ziehen. War es nur die Höflichkeit der
Italiener, welche fühlte, daß die neu angekommenen fremden
Gäste nicht hinter den bereits anwesenden zurückgesetzt wer=
den dürften? Oder war es eine politische Gegendemonstration
einer französischen Partei unter den Studenten? Und warum
spannte man gerade beim Empfang der Franzosen uns zu=

erst die Gäule aus? Wir erfuhren nachmals, daß bei der Wahl des studentischen Festausschusses politische Momente eine bedeutsame Rolle gespielt hatten, und es ist nicht unmöglich, daß hier dieser innere Gegensatz einen äußeren Ausdruck fand. Soviel steht fest, daß wir alle die Festtage über immer von anderen Studenten begleitet wurden als die Pariser. Daß hierbei nicht allein die Sprachkenntnisse des Einzelnen ausschlaggebend waren, beweist der Umstand, daß viele unserer Bologneser Commilitonen, welche sich uns anschlossen, auch französisch sprachen, und zwar meist weit besser als deutsch. Doch der Grund dieser Dinge mochte sein, welcher er wollte: jedenfalls war unser Zug durch die Straßen der Stadt ein großartiger. Bald staute sich allenthalben eine gewaltige Menschenmenge an, so daß wir manchmal kaum vorwärts kamen. So ging es durch die ganze Stadt bis nach dem Gasthaus von Cacciatori, wo auch die Wohnungen der Franzosen waren und wo wir mit unseren italienischen Freunden ein kleines Abendessen einnahmen. Es war eine Aufgabe, durch die dichte Studenten- und Volksmenge aus dem Wagen nach der Thür des Gasthauses zu gelangen. Es glückte uns aber doch, und bald saßen wir oben beim Chianti und anderen schönen Dingen vereint. Ungefähr gleichzeitig mit uns oder doch kurz nach uns begaben sich die Pariser in das Gasthaus, um sich dort ihre Zimmer anweisen zu lassen. Dieser Umstand mochte dem anwesenden Berichterstatter des „Resto del Carlino", der offenbar nachmals erfuhr, daß da oben ein kleines, fröhliches Gelage stattgefunden habe, die Bemerkung in den Mund legen, die deutschen und französischen Studenten hätten sich am Abend mit der größten Herzlichkeit zusammengeschlossen in der gemeinsamen Absicht, Bologna eine Huldigung darzubringen, und diese „Verbrüderung edler Jünglinge" habe allenthalben Aufsehen erregt. Das andere Blatt Bolognas, die „Gazetta dell' Emilia", brachte am anderen Morgen die Nachricht, die deutschen und französischen Studenten seien verbrüdert auf dem Balcon des Gasthauses erschienen, um den Italienern nochmals für ihre Liebenswürdigkeit zu danken;

davon ist kein Wort wahr. Der Balcon, auf den wir zu wiederholten Malen durch begeistertes Evviva Germania! herausgerufen wurden, hatte nur einen Zugang, und zwar diesen von unserem Zimmer aus. Daß aber im Zimmer kein Franzose war, kann ich verbürgen, da ich alle Anwesenden persönlich kannte. Auf dem Nebenbalcon war gleichfalls kein Pariser; denn das Zimmer, aus welchem der Zugang ins Freie führte, hatten zwei Modenenser Familien inne, zu deren Kreise zwei reizende „kleine Mädchen" gehörten, denen wir im Anfang nur verstohlen durch die offene Thür, dann offen zutranken, bis wir uns zuletzt hinüber begaben und uns vorstellten.

Ich glaube nicht, daß bei den Auftritten vor dem Gasthaus Cacciatori ein Berichterstatter einer anderen italienischen oder gar eine ausländische Zeitung anwesend war. Bei unserem Gelage war sicher keiner.

Am nächsten Tage erschien in der in Rom herausgegebenen Tribuna die Nachricht, am Sonntag Abend seien deutsche und französische Studenten Arm in Arm durch die Straßen Bolognas gezogen. Ich weiß nicht, ob diese Meldung vielleicht nur auf einer mißverständlichen Ausführung der Bemerkung des Resto del Carlino beruht. Dort hatte gestanden, wir hätten uns vereinigt. Da lag denn die geistreiche Vermuthung sehr nahe, daß wir vielleicht gar auch „vereinigt" gegangen wären. Dies zu vermuthen hatte der sinnreiche Verfasser jenes Aufsatzes aber ein Recht; denn es war doch wohl nicht anzunehmen, daß wir inmitten des Festjubels den ganzen Tag würden still gesessen haben. Vielleicht hatte sich jener Herr auch gar nicht zum Lesen des Resto del Carlino aufgeschwungen, aus dem er übrigens mancherlei hätte lernen können. Wenn er in Bologno weilte und nach dem Augenscheine urtheilte, so muß er wohl ein wenig kurzsichtig gewesen sein.

In Bologna selbst machte jene Bemerkung der Tribuna ziemliches Aufsehen. Jedenfalls ahnend, welches Unheil daraus erwachsen könne, wenn diese Gerüchte in ihre Heimath drängen, haben die Pariser Studenten sie gleich an der

Wurzel abzuhauen gesucht. Sie telegraphirten einmal sofort an die Havasagentur, um den Bericht für unwahr erklären zu lassen und ließen ferner durch ein Mitglied des Bologneser studentischen Festausschusses an die Tribuna ein Schreiben richten, in welchem sie die gleiche Erklärung verlangten. Dieses Schreiben war nachmals im Resto del Carlino abgedruckt. Uebrigens brachte die Tribuna einige Tage später die gewünschte Erklärung. Aber das Unglück war bereits geschehen, französische wie deutsche Blätter hatten jene Nachricht abgedruckt, und die Folgen sollten nicht ausbleiben. Von Zeitung zu Zeitung wuchs die Kunde an Umfang wie an Bedeutung, und es ward noch mancherlei hinzugedichtet. Einmal sollten wir beim Empfang der Franzosen mit den Schlägern salutirt und Vive la France! gerufen, ein andermal mit ihnen einen förmlichen Freundschaftsbund geschlossen haben, und das Journal des débats hat uns sogar den Parisern gegenüber aufbringlich gefunden. Die Einbildungskraft hat in solchen Fällen immer einen weiten Spielraum, und es ist ihr gewiß nur zu danken, wenn sie die Fälle erörtert, welche hätten eintreten können, wenn nämlich ꝛc.; aber sie darf diese ihre eigenen Erzeugnisse nur nicht für baare Münze ausgeben. Einige Zeitungen haben uns unseres Verhaltens wegen sogar bittere Vorwürfe gemacht. Den Pariser Studenten sind dieselben auch nicht erspart geblieben. Ich weiß nicht, ob man von uns erwartet hatte, daß wir uns mit den französischen Studenten in den Straßen von Bologna herumschlagen würden. Glücklicherweise waren sowohl wir Deutschen als die Franzosen zu anständig, um sich gegen uns irgendwie herausfordernd zu benehmen. Als wir am Montag zum ersten Male wirklich zusammentrafen, sagten wir uns gegenseitig, daß wir uns Mühe geben wollten, hier, wo wir beide als Gäste auf neutralem Boden weilten, unseren liebenswürdigen Wirthen keinerlei Anstoß zu geben; aber das ändere natürlich an unseren sonstigen Gesinnungen nicht das Mindeste. Und auf beiden Seiten ist Wort gehalten worden. Wir sind die Festtage über nebeneinander hergegangen, haben mit einander höflich, aber kühl verkehrt und sind dann ebenso von einander gegangen. Einmal schien es, als ob ein Zusammenstoß erfolgen werde, und das war auf dem Banket zu Casalechio. Aber auch dort wurde er durch unseren beiderseitigen Tact vermieden. Das zwischen uns kein „herzlicher" Verkehr stattfinden werde, war mir wenigstens von vornherein klar. Aber hätte er auch stattgefunden, so würden die französischen Blätter trotzdem kein Recht haben, darüber in solcher Weise loszuziehen. Denn das ganze Fest trug einen durchaus internationalen Charakter und wir waren dort als Vertreter unserer Hochschulen, als Jünger der Wissenschaft, und standen nicht Vorposten an der deutsch-französischen Grenze. Als solche scheinen einige französische Zeitungen die Pariser Abgesandten thatsächlich aufgefaßt zu haben, denn wie könnten sie sonst über das „bedenkliche Fraternisiren" schimpfen?

Zurückgekehrt in die Heimath des echten Vollblutchauvinismus haben es unsere französischen Commilitonen am Platze gefunden, sich thatkräftig gegen die Verläumbungen der Presse zu vertheidigen. Sie thun dies mit vollem Rechte, nur stellen sie sich, um die Schreier zum Schweigen zu bringen, schlimmer dar, als sie gewesen sind. Ihnen zur Ehre sei es gesagt, daß sie gegen uns immer höflich, ja zuvorkommend gewesen sind und uns in keiner Weise weder durch ihr Verhalten noch durch Worte herausgefordert haben.

Die Art, in welcher sie sich vertheidigen, ist jedoch mindestens sonderbar. Schon das ist wundersam, daß sie nicht darüber lachen, wenn man ihnen einen Vorwurf daraus macht, daß sie uns, als wir uns gegenseitig vorstellten und die Karten tauschten, die Hand gegeben haben. Aber daß sie uns in ihrer Vertheidigung geradezu angreifen und verleumben, ist noch weniger schön von ihnen, und ich hätte es den fünf wirklich feinen Parisern nicht zugetraut. Sie veröffentlichen als Antwort auf verschiedene Anklagen, welche gegen sie erhoben werden, ein Tagebuch. Wann dieses entstanden ist, kann ich nicht wissen; ob es aber gerade den Festtagen selbst seinen Ursprung verdankt, möchte ich bezweifeln; denn mit Thatsachen springt man darin doch etwas frei um.

Den Mittelpunkt des Ganzen bildet die Erzählung, der Vorsitzende der Berliner Vertreter, unser Commilitone Otto Siegismund, habe ihnen bei Gelegenheit des Banketts zu Casalechio mit den Worten: Vive la France! zugetrunken, und einer von ihnen habe erwidert, sie könnten leider nicht mit Vive l'Allemagne! antworten, nähmen das Vive la France! jedoch gern an. Leider fehlt mir die Kunde, ob unsere Pariser Commilitonen ihr „Tagebuch" als selbstständiges Litteraturwerk betrachten. Jedenfalls aber steht diese Erzählung in offenem Widerspruch zu der heutigen realistischen Richtung in der französischen Litteratur. Denn deren Katechismus verlangt unter allen Umständen zum Mindesten enge Anlehnung an die Wirklichkeit. Hier haben wir es jedoch mit einem völlig frei nach Münchhausen erfundenen Märchen zu thun, das nur dadurch einige Gestalt gewinnt, daß die Liebenswürdigkeit der Herren Franzosen es an eine bestimmte Person knüpft. Unser Commilitone Siegismund hat die Geschichte bereits in der Nationalzeitung für erlogen erklärt und im Namen der Berliner Vertreter die Versicherung gegeben, daß sie nirgends mit den Franzosen fraternisirt hätten. Ehe wir diese Erklärung gelesen hatten, waren wir uns alle darüber einig, daß die Berliner nie etwas Aehnliches gethan haben würden. Wir Leipziger geben die gleiche Versicherung und fügen zugleich bei, daß wir überzeugt sind, daß auch keiner der anderen Deutschen in Bologna auf solche Weise „fraternisirt" habe. Außerdem zählen die Franzosen noch zwei Akte auf, durch welche sie sich gegen uns feindselig benommen haben wollen. Daß wir diese Feindseligkeit nicht gewahr geworden sind, habe ich bereits bemerkt. Der erste Akt besteht darin, daß sie, als bei dem Bankett zu Casalechio ein Telegramm an Kaiser Friedrich abgesandt worden war, ein gleiches an Sadi Carnot zu schicken beantragten. Eine furchtbare Demonstration gegen uns Deutsche! Natürlich hat dieselbe uns auch entsprechend empört. Weiterhin, erzählen die Pariser, bei dem Festzuge zur Enthüllung des Viktor Emanuel Denkmals, seien sie neben uns aufgestellt worden, in Folge einer „sehr würdigen" Beschwerde ihres Vorsitzenden Chaumeton habe der Bologneser Festausschuß jedoch bestimmt, daß die französische Fahne der deutschen voraus gehen solle. Hier zeigt sich deutlich die Zuverlässigkeit des „Tagebuches". Wäre das wahr, was unsere Herren Commilitonen aus der Stadt Paris erzählen, so wären wir im Festzuge neunzehn Rotten breit gegangen; denn wir waren vierzehn und sie fünf. Was sie meinen, ist die Aufstellung beim Denkmal selbst. Hier standen wir mit fremden Studenten allerdings in einer Reihe, die etwa fünfzig Mann lang sein mochte, und hier standen die Herren Franzosen ganz friedlich und artig neben uns. Mit der „sehr würdigen" Beschwerde des Herrn Chaumeton hat es folgende Bewandtniß: die Ordnung des Zuges war die alphabetische. Es folgten also Austria, Belgia, Francia, Germania, Grecia etc. Als der Festzug zum Denkmal aufgestellt wurde, waren die Franzosen noch nicht zugegen, und es wurde, da man nicht wußte, ob sie kommen würden, auch kein Platz für sie gelassen. Als sich der Zug eben in Bewegung setzte, langten sie an und traten sofort in die Lücke ein, welche der Zufall hinter uns aufthat. Beim Heimwege hätte ihnen natürlich niemand den Platz vor uns streitig gemacht, den ihnen nun einmal die unerbittliche Reihenfolge der Buchstaben im ABC anwies. Aber sie zogen es nach ihrer eigenen Angabe vor, sich zu beschweren. Ob die Beschwerde des Herrn Chaumeton „sehr würdig" war, kann ich nicht wissen, sinnlos war sie jedenfalls. Uebrigens blieb der für uns niederschmetternde Bescheid, den sie nach ihrer Erzählung erhalten haben, ohne praktische Folgen; denn nach der Enthüllung des Denkmals gab es keinen Festzug weiter, sie konnten also auch nicht in demselben vor uns gehen.

Außer den Franzosen waren an Fremden noch Engländer, Belgier, Spanier, Ungarn und Griechen vertreten. Da wir in den Festzügen immer unmittelbar aufeinander folgten und sich uns auch sonst oft Gelegenheit bot, mit einander zu verkehren, so waren wir am Ende der Festtage so ziemlich alle mit einander bekannt geworden. Die drei Spanier aus

Salamanca, Sevilla und Oviedo, der Belgier und die achtzehn Griechen waren uns bald ebenso wie die Edinburger liebe Bekannte geworden. Die Griechen freuten sich unendlich darüber, daß wir Deutschen alle den Homer in der Ursprache kannten und einige Hundert Verse auswendig wußten; etwas war ihnen dabei besonders ergötzlich, und das war unsere Aussprache des Altgriechischen. Ebenso waren wir bald mit vielen Italienern befreundet, von denen sich an jeden von uns einige anschlossen. Sie kamen uns alle mit einer Herzlichkeit und Liebe entgegen, wie wir sie nimmermehr erwartet hatten. Waren wir auch nicht im Stande, dieselbe so ungestüm nach Südländer Art zu erwiedern, so sind wir doch allezeit so zuvorkommend wie möglich gewesen. Meist bestand diese Höflichkeit allerdings nur darin, daß wir alle die Liebenswürdigkeiten ruhig über uns ergehen ließen und nicht ungeduldig wurden, so lästig sie uns auch manchmal sein mochten.

Bei unserem kleinen Gelage war es dunkel geworden und es war Zeit zum Aufbruch, denn um neun Uhr begann die Galavorstellung im Theater, welche zu Ehren der Studenten stattfand. Man gab „Tristan und Isolde". Die Vorstellung dauerte vier volle Stunden und wir waren schon einigermaßen ermüdet von den Anstrengungen des Tages hingekommen. Es war entschieden zu viel der Feiern an einem Tage. Die Darstellung des Stückes selbst blieb weit hinter Dem zurück, was ich vorigen Sommer in Leipzig gesehen hatte. Wir erfuhren, daß die Oper in Bologna außerordentlich gefalle und daß man von weit und breit zusammengeströmt sei, um sie zu sehen. Vielleicht war es die Müdigkeit, die uns nicht zum vollen Genuß der Musik kommen ließ, aber Keiner von uns war von der Vorstellung sonderlich entzückt. Das Orchester mochte sehr gut sein, aber es war sehr unruhig, die Sängerinnen hatten nicht sonderliche Stimmen und sie beherrschten sie auch nicht ganz. An das Theater schloß sich eine kleine Kneipe im engen Kreise, bei der es sehr feuchtfröhlich zuging. Dann geleitete man uns heimwärts.

Am frühen Morgen des Montag rief uns die Ankunft des Königspaares auf den Bahnhof. Um acht Uhr war bereits Alles zum Empfange bereit. An der Stelle, an welcher der königliche Wagen halten sollte, waren Teppiche gelegt, welche sich bis zum Bahnhofsgebäude erstreckten. Unmittelbar neben dem Gleise waren wir vierzehn deutschen Studenten mit unseren Fahnen aufgestellt, uns gegenüber standen Veteranen, weiter nach dem Bahnhofe zu die anderen Fremden, gleich uns Spalier bildend. Der Raum zwischen den beiden sich gegenüberstehenden Gliedern war nur lose ausgefüllt durch die obersten Beamten der Stadt, Capellini, den Rector der Universität und mehrere Professoren, darunter Carbucci und Ceneri. Im Wartesaal erster Classe standen die Damen des hohen Adels von Bologna bereit, das Königspaar zu empfangen. Gegen halb neun Uhr kam der Zug an. Das Königspaar wurde mit donnerndem Gruße empfangen, stieg rasch aus und wandte sich zuerst zu uns deutschen Studenten, die wir in schnurgerader Linie mit dem Schläger salutirten, während über unseren Häuptern unsere Fahnen wehten, in der Mitte das prächtige Banner der Friedrich Wilhelms Universität zu Berlin. Der König ist eine nicht zu große, aber überaus stattliche militärische Erscheinung. Sein Gesicht ist fast immer streng und ernst, selbst wenn er sich noch so leutselig unterhält. Die Königin ist eine eben so schöne wie liebenswürdige Frau, die durch ihre unendliche Frische und staunenswerthe Gewandtheit überrascht. Soll sie doch einst durch ihre Persönlichkeit den revolutionären Dichter Carbucci zur Königstreue bekehrt haben. Wir hatten ja schon viel von Italiens schöner Königin Margherita gehört, aber durch ihr wirklich bezauberndes Wesen waren unsere Erwartungen weit übertroffen. Der König und die Königin reichten uns die Hand und während ersterer mit den Berlinern französisch sprach, unterhielt sich die Königin mit uns Leipzigern in deutscher Sprache und war sehr erfreut darüber, als sie merkte, daß ihr zwei von uns auch italienisch zu antworten vermochten. Das erste Wort, welches sie an mich richtete, war eine Frage

nach dem Befinden unseres Kaisers. Bald saß das Königs=
paar im Wagen, und wir deutschen Studenten folgten zu
Fuß unmittelbar hinter dem Wagen, geschaart um die
Heidelberger Fahne — denn das Berliner Banner mußte
seiner ungeheuren Last wegen heimgefahren werden. Um
uns brausten fortwährende Rufe: evviva il Re und evviva
la bella Reina Margherita! Dazwischen klangs dann wieder
einmal: evviva Frederico III, evviva l'imperatore di Germania, evviva Eidelberg, evviva Lipsia! Von den Tri=
bünen herunter, auf denen Tausende von Menschen Platz
gefunden hatten, wehten Tücher und klangen unaufhörlich
dieselben Rufe. Wir geleiteten das Königspaar nach dem
Schlosse. Im Schloßhofe stellten wir fremden Vertreter
uns in einen großen Halbkreis auf, und kaum war die Auf=
stellung beendet, so erschien von stürmischen Hurrah! Hoch!
vive le roi=Rufen das Königspaar am Fenster. Darauf
gings nach der benachbarten Scuola d'applicatione, wo ein
Bologneser Student Namens Brenna eine kurze Ansprache
hielt. Indessen verlief sich die Menschenmenge.

Im Zuge waren wir deutschen Studenten die Einzigen
gewesen, welche Ordnung gehalten hatten und in festge=
schlossenen Reihen gegangen waren, jetzt waren wir die
Einzigen, welche ihre Fahnen anständig nach Hause beglei=
teten. Denn während die Pariser und die anderen Fremden
ihre Fahnen einfach in einer Nische des Schulhofes zusam=
menstellten, brachten wir unsere Fahnen, eine jede in Be=
gleitung von zwei Mann, in voller Ordnung durch die
Menge, welche uns ehrerbietig Platz machte, nach unserer
Wohnung. Laute Beifallsbezeugungen begleiteten uns auf
dem ganzen Wege.

Unterdessen war es Mittag geworden. Nach einem kurzen
Mahle holte man uns gegen halb zwei nach dem mächtigen
Gebäude der Musikausstellung ab, wo wir einem sehr schönen
Concert beiwohnten. Ringsherum in den Logen saßen die
Damen von Bologna, unter denen wir so manche wieder
erkannten, die wir bereits am Sonnabend gegrüßt und die
uns von hohem Balcone freundlich gedankt hatte.

Kaum hatten wir uns nach Schluß des Concertes in die Ausstellungsgebäude begeben, um uns dort ein wenig umzusehen und uns einigermaßen zu erfrischen, als wir auch schon abgeholt wurden zu dem Festzuge, der sich nach dem Victor Emanuelsplatze begeben sollte, wo um fünf Uhr das mächtige Bronzegußdenkmal des Schöpfers der Einheit Italiens enthüllt wurde. Der Festzug besaß eine unendliche Ausdehnung, und der mächtige Platz war ganz voll Menschen. Gleichwohl erhielten wir einen trefflichen Platz unmittelbar neben der königlichen Tribüne oder vielmehr noch auf derselben. Es war ein großartiger Augenblick, als sich die mächtigen Leinwandstücke senkten und all' die Tausende, welche auf dem Platze versammelt waren, das Reiterstandbild ihres verstorbenen Königs grüßten. Zehn Musikchöre fielen ein, eine mächtige Glocke läutete, die Banner senkten sich zum Gruße, Tausende von Hüten flogen in die Luft, wir Deutschen zogen unsere Schläger, und wie das Brausen eines Stromes, der brandend gegen seine Ufer schlägt, klang es aus tausend und aber tausend Kehlen: Viva il Re! Viva la Regina! Viva Italia! Für Giulio Monteverde, der das Denkmal geschaffen hatte und welcher anwesend war, muß es ein überwältigender Augenblick gewesen sein. Die Tribünen des großen Platzes boten einen herrlichen Anblick dar, besonders aber die eine, auf welcher mehrere Hundert der anmuthigsten Mädchen aus den ersten Häusern Bolognas sich befanden. Rings die Balcone der Häuser waren dicht besetzt, und auf dem Platze konnte kein Apfel zur Erde fallen. Noch nach einer Stunde, wo wir zufällig den Platz entlang gingen, hielt sich die Menschenmenge dort auf, wenn auch nicht so dicht gedrängt wie vorher.

Noch ehe es dunkel wurde, fuhren wir Deutschen zusammen mit einigen unserer näheren Bekannten vor die Stadt, um dort, „im Garten vor dem Thore" ein Festmahl einzunehmen, zu dem uns ein Freund aus Rom, Namens Pinelli bi Treskow, der Sohn der unter dem Namen Günther von Freiberg bekannten Dichterin Ada Pinelli geb. von Treskow, eingeladen hatte. Er sprach sehr gut deutsch und war gleich bei unserem ersten Zusammentreffen außerordentlich erfreut gewesen, Studenten aus dem Heimathlande seiner Mutter anzutreffen. Obgleich halb ein Deutscher, war er doch der schönste Italiener, den ich auf der ganzen Reise gesehen habe. Noch hatten wir nicht zehn Minuten lang Platz genommen, als unsere Tafel schon fast quer durch den Garten reichte, denn rechts und links schoben die italienischen Studenten, von denen sich bald eine große Zahl einfand, fortwährend Tische an, während das sonst im Garten befindliche Publicum, Männer wie Mädchen und Frauen, sich sammt und sonders auf Stühle und Tische begab, um von diesem höheren Gesichtspunkte aus die welterschütternden Ereignisse zu betrachten, welche man an unserer Tafel vor sich gehen wähnte. Es war überaus gemüthlich. Manche mächtige Flasche wurde geleert und manche Brüderschaft nach deutschem Brauche mit verschränkten Armen getrunken. Unser Trinkcomment fand bald allgemeine Nachahmung, und mancher unserer italienischen Freunde, der die deutschen Worte kaum aussprechen konnte, kam seinem deutschen Gegenüber „übers Kreuz" nach.

Am Abend war ganz Bologna festlich erleuchtet. Tausende und Abertausende von Lichtern flammten in den Fenstern, in den Säulengängen längs der Straßen und aus den Höfen heraus. Und sie schienen gar freundlich auf uns nieder, während wir in Gesellschaft unserer italienischen Freunde in größeren und kleineren Gruppen in Gasthäusern und öffentlichen Gärten uns aufhielten, um den mächtigen Fackelzug nach allen seinen Schönheiten würdigen zu können. Derselbe endete in den großen Gärten, in welchen die Ausstellung stattfand und welche hell erleuchtet waren. Eine gewaltige Menschenmenge wogte auf den breiten Kieswegen hin und her, und besonders viele Damen waren zu sehen. Dort saßen wir in der heitersten Gesellschaft im Freien unter dem dunkelblauen Nachthimmel, von dem herab unzählige Sterne leuchteten, bis spät nach Mitternacht die Lampen erloschen. Indessen gab man drinnen in der Stadt zu Ehren der Professoren „Tristan und Isolde", ein Schreckniß, das bereits hinter uns lag und zu dessen Bewältigung wir an diesem Abende sicher noch weniger tauglich gewesen wären als am vorhergehenden.

Die beiden bisherigen Festtage hatten uns mehr als einen prächtigen Umzug und Aufzug gebracht. Doch keiner derselben kam dem Zuge gleich, der sich Dienstag, den 12. Juni, Morgens einhalb acht Uhr aufzustellen begann. Es war der eigentliche Festzug der ganzen Tage, der Zug, welcher sich nach dem großen Hofe des Archiginnasio bewegte, um dort die Hauptfeier des Festes zu begehen. Die Aufstellung dauerte zwei Stunden. Endlich, gegen halb zehn Uhr setzte sich das Ganze langsam in Bewegung. Auf dem Platze vor dem Teatro communale hatten wir uns versammelt, und nun ging's durch die via Zamboni Rizzoli über die piazza Vittorio Emanuele, durch die via d'Azeglio, die via Farini und die via Pavaglione nach dem Archiginnasio. Voraus gingen die Behörden, Kriegervereine und Musikchöre von Bologna. Dann folgten die studentischen Vertreter der italienischen Universitäten, weiterhin die der ausländischen; daran schloß sich in derselben alphabetischen Ordnung der Zug der Professoren. Bei den früheren Zügen hatte es doch Stellen auf den Straßen gegeben, auf welchen uns nicht zugejubelt wurde, heute gab es keine. Allenthalben wurden wir Deutsche, die wir wieder in festen Reihen, geschaart um die Heidelberger und Straßburger Fahne, einherschritten, stürmisch von der gesammten Bevölkerung begrüßt. Das evviva Germania-Rufen wechselte mit evviva Berlino, evviva Lipsia, evviva Eidelberg! fortwährend ab. Erlangen blieb unbekannt, da es keine einheitliche Farbe trug. Nur einmal nannte es der Resto del Carlino als „Hallang", vielleicht eine Zusammenziehung aus dem bekannteren Halle und Erlangen. So oft die Fahne der deutschen Reichsuniversität, der Kaiser Wilhelmsuniversität Straßburg, bei der wir Leipziger chargirten, da wir keine Fahne mit uns geführt hatten, und unser Straßburger Freund allein von seiner Universität entsandt worden war, sich entrollte, klang es um uns: evviva Strassburgo! So ging es bis zu dem Palast Pizzardi, aus dessen Fenstern eine unendliche Menge von Blumen auf uns niederflog. Für uns Deutsche hatte man eine besondere Ueberraschung. Als wir vorüberzogen, regnete es nämlich Unmassen von Eichenlaub auf uns nieder, das man gewiß hatte weither holen müssen. Als dieses ausgegangen war, überschüttete man uns mit Lorbeerzweigen; wir bekränzten unsere Schärpen, Baretts und Schläger mit frischem Grün und schritten, unseren Dank mit unseren Schlägern hinaufwinkend, weiter bis über die Knöchel in die Blätter und Blumen einsinkend, welche die ganze Breite der Straße bedeckten. Beim Archiginnasio angelangt, bildeten wir fremden Studenten Spalier und bekamen somit alle Einzelheiten des mächtigen Zuges zu sehen. Es war ein seltsames Bild. Es kam mir vor wie ein Stück Mittelalter. Man glaubte eher eine Versammlung des hohen Rathes von Venedig aus dem dreizehnten Jahrhundert vor sich zu haben, als einen Zug von Professoren der Neuzeit. Welch eine Menge schwerer, bunter, wallender Gewänder, was für verschiedene Kopfbedeckungen! Die meisten Mäntel hatten schwere gestickte Kragen, und bei Weitem die größere Hälfte war von leuchtender Farbe. Im Arme trugen die hohen, würdigen Gestalten, meist schon Greise, mächtige Rollen, welche die Glückwünsche ihrer Universitäten enthielten.

Der Hof des Archiginnasio bot einen gänzlich veränderten Anblick dar. Dem Eingang gegenüber, wo am Sonntag der Tisch des Ausschusses gestanden hatte, prangte jetzt ein mächtiger, goldener Thronhimmel, oben abgeschlossen durch eine goldene Königskrone, von welcher in schweren Falten rother Purpursammet niederhing. Die Pfeiler waren mit Fahnen und Standarten geschmückt, und über den ganzen weiten Hof war eine leichte weißrothe Leinwand gespannt, die fortwährend im Winde leis bebte, zwar die Strahlen der Sonne abhielt, aber doch das Licht mit seiner vollen Stärke durchließ, so daß man ganz deutlich die Züge der Damen auf den Galerien zu unterscheiden vermochte. Unter

dem Thronhimmel saß die königliche Familie, umgeben von
einigen Würdenträgern und Damen des Hofes. Der Rector
Capellini eröffnete die Feier mit einer Ansprache, von der
man seiner schwachen Stimme wegen kein Wort verstand;
dann verlas der Minister Boselli im Namen des Königs
eine sehr schöne und edel gehaltene Rede, an die sich der
Festvortrag des Prof. Carducci anschloß, der zwar nicht
volle drei Stunden dauerte, wie die berühmte Rede Kuno
Fischer's beim Heidelberger Jubelfeste, aber dennoch mehr
als viel zu lang war. Der Dichter gab eine vollständige
Geschichte der Universität Bologna. Von der Versammlung
erntete er ungemessenen Beifall, uns deutschen Studenten
schauspielerte er etwas zu sehr. Unsere Professoren waren
derselben Ansicht. Das Königspaar reichte dem Dichter die
Hand, als er geendet hatte. An seine Rede schloß sich die
Ueberreichung einer goldenen Gedächtnißmünze durch den
Rector Capellini an den König, und dann folgten fünfzehn
kurze Ansprachen von fremden Professoren, welche die Glück=
wünsche ihrer Länder darbrachten. Prof. Gandino dankte
ihnen in einer lateinischen Rede und dann schloß eine Sym=
phonie von Pirani, welche von der Galerie aus zum Vor=
trag gelangte, die Feier, wie eine Cantate von Franchetti
sie eröffnet hatte. Die Gesänge, von dem Dichter Panzacchi
verfaßt und von Josef Albini ins Lateinische übertragen,
gelangten in beiden Sprachen zur Vertheilung, ebenso wie
ein lateinischer Festgruß des Münchener Oberregierungs=
rathes Adolf Perenwerth von Bärnstein, der auch in deutscher
Uebersetzung erschienen ist. Er schloß mit den Worten:

 Ave tu Bononia,
  Decus litterarum,
 Quae per octo saecula
  Lumen luces clarum:
 Ornet et per postera
  Saecla te auratum
 Symbolum: ‚Bononia
  Docet' firmum, ratum!

und erntete namentlich bei der Bologneser Studentenschaft
vielen Beifall.

Bald hatten wir Gelegenheit, uns von den Anstrengungen dieser fünfstündigen Feier leiblich und geistig zu erholen. Geheimrath v. Hoffmann aus Berlin hatte nämlich uns deutsche Studenten zum Frühstück nach dem Hotel Italia eingeladen. Da trafen wir fast alle unsere deutschen Professoren versammelt, mit denen wir uns in "bunter Reihe" — und zwar in des Wortes verwegenster Bedeutung: wir trugen nämlich unsere Schärpen — zur Tafel setzten. Auch der deutsche Consul, mit Namen Kluftinger, war anwesend. Es war dies ein außerordentlich liebenswürdiger Herr; einer unserer Professoren nannte ihn niemals anders als den "gastfreisten aller Menschen". Ein Trinkspruch jagte den andern. Sogar der jüngste Fuchs sprach und — natürlich auf Bolognas Damen. Die würdigen Herren hatten genau dieselben Bemerkungen gemacht, die sich auch uns, das Aeußere der Bologneserinnen betreffend, aufgedrängt hatten, und mancher sprach einige weise Worte betreffs urgefährlicher schwarzer Augen, die uns natürlich sehr zu Herzen gingen, so daß wir uns fest vornahmen, nachmals nur noch die blonden Mädchen anzuschauen. Die Stimmung war außerordentlich heiter, und der Schaumwein floß in Strömen. Als wir uns endlich verabschiedeten, lud uns der deutsche Consul für Donnerstag Abend nach Hotel de Brun ein, wo wir wiederum mit unseren Professoren zusammentrafen.

Während der studentische Festausschuß für uns in wahrhaft väterlicher Weise gesorgt hatte, war für die fremden Professoren nicht das Mindeste geschehen. Geheimrath Hinschius aus Berlin erzählte mir, er habe während der ganzen Zeit keinen einzigen Bologneser Professor persönlich kennen gelernt, und von anderer Seite erfuhr ich ganz das Gleiche.

Als wir von selbigem "Frühstück", das, nebenbei bemerkt, Nachmittags gegen vier Uhr stattfand, nach Hause kamen, erwartete uns schon eine Schaar Freunde, um uns nach der Bahn zu geleiten. Denn Dienstag Abend sollte in Casalecchio, einem Dörfchen eine Stunde von Bologna, ein großes studentisches Bankett in Scene gesetzt werden,

während die fremden Professoren drin in der Stadt eben=
falls zu einem Bankett geladen waren. Gegen sechs Uhr
führten uns mehrere Sonderzüge hinaus in die Campagna.
Die Umgebung Bolognas ist außerordentlich reizvoll. Wäh=
rend Bologna selbst in der Ebene liegt, ist rings das Land
von beträchtlichen Höhenzügen durchkreuzt, aus deren dunklen
Wäldern lichte Landhäuser freundlich nach der Ebene her=
niederschimmern. Ganz Casalecchio war auf den Beinen,
als wir in einer Stärke von etwa tausend Mann draußen
ankamen. Nach einem kurzen Spaziergange durch die Dorf=
gassen ließen wir uns in dem mächtigen Garten Calza=
vecchio nieder, an reichbesetzten Tafeln, von denen uns die
wundervollsten Blüthen entgegendufteten.

Das Festessen wurde eröffnet mit der feierlichen Ver=
lesung der Speisekarte. In dem Gedicht Perenwerths von
Bärnstein hatte es geheißen:

> Quot perdocta opera
> Tunc in te sunt nata,
> Quoties sunt pectora
> Juvenum elata,
> Illi cum — sic traditur
> Strada inventore —
> Gaudeamus igitur
> Canerent sonore.

Und bei dem Bankett wurde es mir völlig klar, daß ich mich
in der Heimstatt des Gaudeamus igitur befände. Es waren
eine Menge parallele Tafeln aufgestellt, und am oberen
Ende stand eine Quertafel, an welcher je einer von den
fremden Vertretern Platz nehmen sollte. Bald saßen die
etwa tausend Studenten längs der mächtigen Tische. Der
tiefere Zweck des Banketts war, einmal die noch übrigen acht=
hundert Liter Barbera aus Turin aufzutrinken und sodann
dem Fleische des Ochsen aus Padua und dem Käse aus
Pavia ein jähes Ende zu bereiten. Daß dieser an sich gewiß
löbliche Zweck nicht erreicht wurde, liegt sicher nur an der
unzweckmäßigen Veranstaltung. Es gab nämlich im Ganzen
eine solche Menge Gerichte und verschiedene Weine, daß die
Meisten gleich anfangs im Hinblick auf die schier unüber=

windlichen Schwierigkeiten Muth, Messer und Gabel sinken ließen. Nach einer Stunde aß bereits niemand mehr einen Bissen, während man dem Weine noch tapfer zusprach. Die Hälfte der Tischgesellschaft war immer auf den Beinen, um entfernte Bekannte aufzusuchen, mit einem guten Freunde anzustoßen, oder auch nur, um dem allgemeinen Zwecke des Evviva=Rufens ausgiebiger Genüge leisten zu können. Lange Reden wurden glücklicherweise nicht gehalten, sie verboten sich ganz von selbst. Es wurde ein Telegramm an den deutschen Kaiser abgesandt, welches ihm einen herzlichen Gruß und den Wunsch baldiger Genesung aus dem sonnen= warmen Lande brachte, in dem er Gesundung gesucht hatte; und bald darauf ein gleiches an Sadi Carnot, in welchem es hieß, die Studenten aller Völker, so in Bologna ver= sammelt seien, erinnerten sich daran, daß Frankreich das Land des Fortschritts und der Freiheit sei. Ich kann mich zwar nicht besinnen, diesen Gedanken gehabt zu haben; in= dessen in jenem Telegramm stand es, und da muß es wohl wahr sein. Bald hatte das evviva=Rufen eine solche Höhe erreicht, daß ich fürchtete, der Boden würde nächstens zu beben anfangen, und lebhaft bedauerte, mir kein Reserve= trommelfell eingesteckt zu haben. Die Begeisterung war all= gemein und eine Begeisterung fürs Allgemeine. In kleineren Kreisen gab es viele Sprecher. Ob es gerade dem Heile der Gläser und Weinflaschen besonders förderlich war, daß jene sämmtlich auf die Tische stiegen, wenn sie reden wollten, mag dahingestellt bleiben. Theoretisch nahm das feierliche Mahl trotz alledem seinen Fortgang, d. h. die Speisen wur= den in der weise vorher bestimmten Reihenfolge weiter auf= getragen, wenn auch niemand mehr aß. Eben erschien irgend welcher Salat. Ein Spaßvogel rief evviva il salato! — noch ein paar Mal evviva; und brausend stimmte die Menge ein: evviva, evviva! wenn auch Keiner wußte, welch idealem Zwecke sein evviva galt. Die Geschichte fing an, lebens= gefährlich zu werden; denn man hob uns Deutsche auf die Schultern und trug uns in sausendem Galopp durch die dicht gedrängte Studentenmasse, in welcher umgestürzte Stühle

u. s. w. das Fortkommen noch erschwerten. Das Herum=
tragen der deutschen Studenten gab erneuten Anlaß zum
evviva Germania!=Rufen und hatte somit noch einen edlen
Nebenzweck. Ich war herzlich froh, als ich wieder festen
Boden unter meinen Füßen fühlte. Unterdessen war es
völlig finster geworden. Zwei elektrische Lampen, welche
am oberen Ende bei der Ehrentafel aufgestellt waren und
nach rückwärts und den Seiten Blendschirme trugen, warfen
zwei unheimlich helle Strahlen in das bunte Gewühl und
ließen es in einem zauberhaften Lichte erscheinen. Mir wurde
es ganz märchenhaft zu Muthe, und mit einem guten Freunde,
einem jungen Bologneser Mediziner, der in Basel studirt
hatte und gut deutsch sprach, zog ich mich in eine Ecke zu=
rück, nachdem mein Freund dafür gesorgt hatte, daß der
Schaumwein, welcher eben auf die Tische aufgesetzt wurde,
uns nicht verloren ging. Von unserem stillen Winkel aus
beobachteten wir das bunte Treiben und plauderten über
unsere eigene Vergangenheit und Zukunft, über Fernes und
Nahes, Großes und Kleines. So mochten wir wohl eine
Stunde gesessen haben; da rieth mein Freund zum Auf=
bruch, wenn wir nicht in das letzte unendliche Gewühl hin=
eingerathen wollten. Bald hatten wir uns jedoch im Ge=
dränge verloren. Ich suchte aus dem Menschenstrom hinaus
zu gelangen, welcher nach dem Ausgang zu fluthete. Es
gelang mir glücklich, und bald stand ich an dem leichten
Zaune, der das Ganze umschloß. Der Platz, welcher an
den Garten grenzte, machte einen parkähnlichen Eindruck.
Er war mit Rasen bedeckt und auf ihm standen, bald dichter,
bald zerstreuter Bäume und Büsche. Während rings um=
her, dicht an den Zaun gedrängt, die Zuschauer standen, die
ich jetzt erst gewahrte, war die Stelle, an welcher ich stand,
leer, da dort ein großer Baum alle Aussicht auf die Fest=
tafel wehrte. Ein Sprung, und ich war im Freien. Auf
dem weiten Platze wogte das Volk in bunten Gruppen hin
und her. Auf dem Boden hatten sich viele kleine Gruppen
gelagert. Auf den ersten Blick hatte ich geglaubt, nur die
Einwohner des Dörfchens Casalecchio vor mir zu haben.

Jetzt sah ich, daß auch genug Leute da waren, welche den besseren Ständen angehörten. Manch zärtlich sich umschlungen haltendes Pärchen zog da durch die Büsche hin, und manche bunte Studentenmütze sah ich im Dunkel durch die Zweige schimmern. Es war ein eigenartiges Bild, das bunte harmlose Treiben, auf dem ein tiefes Schweigen lag, das nur hie und da durch Flüstern unterbrochen wurde, denn man lauschte aufmerksam auf alles, was im Garten vorging. Ein Student, der meiner ansichtig wurde, und der mich kannte, obwohl ich mich nicht auf ihn besinnen konnte, stellte mich einigen „kleinen Mädchen" vor. Ich mußte mich einen Augenblick niedersetzen und mit ihnen Wein trinken. Dann führten wir unsere Schönen, deren „Ehrendame" mich immer von Zeit zu Zeit mit mißtrauischem Ernste betrachtete, indessen ich mit der kleinen übermüthigen Bologneserin, die jedenfalls ihr Töchterlein zu sein die Ehre hatte, äußerst vergnüglich plauderte. Da ich ihren Namen nicht mehr wußte, redete ich sie nur mit bellissima Signorina an, und diese nicht gerade so ganz formelle Anrede schien ihr sehr gut zu behagen. Sie erzählte mir von einem allerliebsten Hause an der Stadtmauer, das einen Balcon habe, an dem sich das Grün emporranke und wo sich's gut Laute spielte. Ich versicherte ihr sofort, daß, wenn ich gewußt hätte, daß ich sie in Bologna kennen lernen würde, ich mir bereits vor der Reise die Kunst des Lautespielens zu eigen gemacht hätte. Sie war gerührt darüber. Eben wollte ich sie nach Straße und Hausnummer fragen, um sie am nächsten Nachmittag besuchen zu können, da pfiff es dicht hinter uns. Um nicht von der Locomotive überfahren zu werden, die langsam in den Bahnhof einfuhr, mußten wir ausweichen. Der Zug trennte uns, und trotz meines Suchens konnte ich das muntere Mädchen nicht wiederfinden, welches jedenfalls von der Mutter sofort unter die — übrigens sehr umfänglichen — schützenden Fittige genommen worden war. Auf dem Bahnsteig traf ich meinen Freund Goffredo Mari wieder. Bald stiegen wir zusammen in den Wagen. Wir geriethen mitten in eine Gesellschaft hinein, welche aus Bologneser Herren und Damen bestand, die eben von einem weiteren Ausfluge nach den Umgebungen Bolognas zurückkehrten und eigentlich einen besonderen Wagen für sich hatten. Sie nahmen uns aber unser unverschuldetes Eindringen gar nicht übel. Wir unterhielten uns sehr gut, bis der kleine Zug auf dem Platze vor dem Thore Bolognas hielt. Diesen Abend gelang es mir zuerst, unbemerkt nach Hause zu entschlüpfen und ohne Schärpe, Barett, Schläger und Frack, nur von einem Studenten geleitet, mir einmal Bologna bei Nacht anzuschauen und einen Blick zu thun in das eigenartige Volksleben, welches sich noch in später Stunde auf den Straßen und vor Allem in den öffentlichen Gärten entfaltete.

Der Morgen der Mittwoch (13. Juni) brachte eine neue Feier, welche derjenigen, welche Tags zuvor im Hofe des Archiginnasio stattgefunden hatte, nicht unähnlich war, sich aber vor jener durch drei Vorzüge auszeichnete. Erstlich ging ihr kein so langwieriger Festzug voraus, zweitens hielt man keine so unermeßlichen Reden, wie Tags zuvor, und drittens bot das Ganze mehr Abwechslung. Es war die Feier, bei welcher die Ernennungen zum Ehrendoctor der Universität Bologna vorgenommen wurden. Sie fand gleichfalls im Hofe des Archiginnasio statt. König und Königin sowie der Prinz von Neapel waren ebenfalls anwesend. Der Minister Boselli lud im Namen des Königs zum Sitzen ein. Dann Musik, und die Feier nahm ihren Anfang. Auf einem Tischchen links vom königlichen Thronsitz lag auf einem silbernen Teller ein schwerer Goldring mit einem Amethysten. Der Teller war ein Geschenk der Professorenfrauen Bolognas und trug die Aufschrift: Per l' VIII Centenario dello studio di Bologna le mogli dei professori, dottori collegiati e assistenti donarono. Zuerst hielt Prof. Pelliccioni eine lateinische Rede, an welche sich die Ernennung einer Reihe Gelehrter der philosophischen Facultät zu Ehrendoctoren anschloß. Die Ernennung erfolgte durch Ueberreichung des Doctordiploms und durch einmaliges Anstecken jenes Doctorringes. Während dieser Feierlichkeit sprach Pelliccioni: creo, pronuntio, praedico, und darauf gab der neu Ernannte ihm und dem Rector Capellini die Hand. Prof. Caccio vollzog die Feier im Namen der naturwissenschaftlichen Facultät, Prof. Regnoli im Namen der juristischen und Prof. Brugnoli im Namen der medizinischen. Am meisten Beifallsgetöse gab es bei den Namen von Hoffmann, Mommsen und Lesseps. Eine Rede des Prof. Ceneri schloß die Feier. Nach derselben wurden wir einzeln dem Königspaare vorgestellt, und sowohl der König, als besonders die schöne Königin Margherita unterhielten sich sehr leutselig mit uns. Darauf geleiteten wir das Königspaar noch nach dem Palaste.

Die zweite Stunde des Nachmittags versammelte uns wieder in dem großen Saale des Ausstellungsgebäudes, wo ein sehr hübsches Concert stattfand. Nach demselben schritt man zur Verloosung der von den jungen Damen Bolognas den fremden Studenten gearbeiteten und gekauften Geschenke. Ein jeder von uns erhielt ein vom Studentenausschuß herausgegebenes Album Riccordo an Bologna, eine reich illustrirte und nett ausgestattete Festschrift, und außerdem, was ihm der Zufall brachte, wie ja

"Das Glück aus seiner Tonnen
Die Geschicke blind verstreut."

Ich gewann eine gestickte Mappe und ein gleichfalls gesticktes Täschchen für Besuchskarten. Der Geschenke war eine außerordentliche Fülle. Ihrer waren noch mehr als der jungen Damen, die zugegen waren und die diesmal nicht nur die Logen füllten, sondern sich mitten unter uns bewegten.

Die italienischen Mädchen sind, wie wir mehrfach Gelegenheit hatten zu erfahren, gar nicht schüchtern. Das kann man schon auf der Straße sehen, wo sie sich nicht wie unsere Mädchen scheuen, einem frei ins Gesicht zu blicken, was allerdings an und für sich nicht viel bedeutet, da kein Mädchen der besseren Stände ohne Begleitung die Straße betritt. Fast alle haben schwarze Haare und dunkelbraune Augen. Ob wohl in diesen unendlich tiefen Augen auch solch eine Welt voll Seele liegt, wie sie zu verheißen scheinen? Ich habe diese Frage nicht ergründen können; denn ich habe nicht tief genug hinein geschaut.

Bis zum Abend blieben wir im Ausstellungsgebäude. Um sechs Uhr waren wir drei Leipziger und unser Straßburger Freund zu dem Conte Camillo Raineri Biscia eingeladen. Als wir seinen Palast in der Via Santo Stefano betraten, empfing uns eine Musikcapelle, welche in dem Parke im Schatten mächtiger Bäume aufgestellt war, mit einem Tusch. Außer uns waren noch Prof. Klinger aus Pest, Prof. Abt aus Klausenburg und drei junge adelige Ungarn anwesend. Dazu kam noch eine französische Gräfin, eine Verwandte der Contessa Biscia, ein General, ein Conte Pepoli und eine deutsche Gouvernante. Die Dame des Hauses empfing uns äußerst liebenswürdig, und der Abend, den wir in dem gastfreien Hause „unseres Conte" verlebten, steht in meiner Erinnerung als der schönste Abend aus der Festzeit in Bologna. Die Gräfin war eine äußerst feingebildete Dame und hatte mit unserer theilweisen Hilflosigkeit betreffs des Italienischen eine wahrhafte Engelsgeduld. Wir plauderten gemüthlich und ließen uns durch ungeheuerliche Wortbildungen u. A. nicht im mindesten stören. Da die Gräfin, ebenso wie ihr Gatte und ihre drei Töchter im Alter von zwei bis siebzehn Jahren sehr gut französisch sprachen, mußte das Französische oft zur Erklärung herhalten und verdrängte schließlich das Italienische ganz. Die Unterhaltung bei Tische wurde in sechs Sprachen geführt. Das ging folgendermaßen zu: die Ungarn sprachen untereinander ungarisch; Prof. Abt und wir Deutsche bisweilen deutsch; Prof. Klinger sprach nur lateinisch und ein wenig englisch neben seinem Ungarisch, und im Uebrigen wechselten Italienisch und Französisch regelmäßig mit einander ab. Ich saß zwischen der Dame des Hauses und dem Prof. Klinger aus Pest. Auf der anderen Seite der Contessa Biscia saß Prof. Abt, neben diesem die französische Gräfin, dann folgte unser Straßburger Freund u. s. w. Als ich auf der Fürstenschule zu Grimma die schwere Kunst des „Disputirens in lateinischer Sprache" erlernte, glaubte ich nicht, daß sie einstmals das einzige Mittel sein werde, mich mit einem ungarischen Gelehrten im Hause eines italienischen Grafen zu unterhalten — doch viel verschlungen sind des Lebens Pfade. Wo das Lateinische nicht ausreichte, half das Englische nach. Wie froh war ich, daß nicht etwa auch einer Volapük sprach! Jedenfalls hinderte aber diese babylonische Verwirrung nicht im mindesten die Verständigung. Die Geselligkeit erhöhte sich noch, schon wegen der vielen Mißverständnisse und Scherze, die daraus entsprangen. Nach Tische wurde musizirt. Die jüngste Contessina, ein überaus reizendes, kleines Mädchen, sang ein deutsches Lied, wir Deutsche stimmten mit den Ungarn ein internationales Gaudeamus igitur an, und daran schloß sich noch manches Andere. Als wir uns eben verabschieden wollten, verschwanden die kleinen Contessinnen, und als sie wieder erschienen, schenkten sie einem jeden von uns vier Deutschen eine wunderschöne Brieftasche, auf deren Vorderseite das Bild des schiefen Thurmes von Bologna zu sehen war. In einer Tasche aber fand jeder eine Photographie „unseres Conte", dessen Liebenswürdigkeit und Gastfreundschaft uns immer im Gedächtniß bleiben wird. Als wir endlich schieden, erhielten wir noch die Aufforderung, Freitag mit der Familie Biscia auf ihr nahegelegenes Landgut Santa Viola zu fahren. Wir ließen uns das nicht zweimal sagen und haben uns auch Freitag früh um zehn Uhr pünktlich eingestellt.

Bis zum Abend des 13. Juni hatte die gesammte Feier einen durchaus ernsten Charakter getragen. Aber der heitere innere Kern des Studententhums fordert nun einmal unermittlich seine Rechte, und so war denn für Mittwoch Abend ein komischer Eselsritt durch die Stadt angesetzt worden, an den sich eine festa storico-umoristica in den Gärten von Montagnola anschließen sollte.

Die meisten von uns deutschen Studenten betheiligten sich nicht an dem Maskenritt auf dem klügsten aller Thiere. Einmal kamen wir uns dazu nicht komisch genug vor, und dann hatte uns der Ausschuß auch gar nicht zur Theil-

nahme aufgefordert. So hatten denn wir drei Leipziger und
unser Freund aus Straßburg für jenen Abend die Einla=
dung zu „unserem Conte" angenommen, und sahen aus den
Fenstern des palazzo Biscia in der Via Santo Stefano im
Verein mit unseren lieben Wirthen hinab auf das bunte
Treiben und ließen die phantastischen Vermummungen an uns
vorübergleiten. An der Spitze ritten drei „alla boccaccio"
gekleidete Studenten, dann folgten etwa noch fünfzig Esel=
reiter, darunter zwei unserer Berliner Commilitonen. Eine
unendliche Menschenmenge, namentlich aus den niederen
Schichten des Volkes, hatte sich angesammelt, geleitete den
Zug von der Via Stefano aus durch die Porta Saragozza
nach den Gärten von Montagnola und ließ sich durch die
zweihundert Studenten, welche dem Zuge zu Fuß folgten,
kaum abhalten. Der Jubel der Menge fand einen geeig=
neten Gegenstand in den beiden Berlinern und folgte ihnen
auch mit Donnersungestüm. Fast ununterbrochen klang es
Evviva Germania, viva Frederico terzo, viva Berlino,
viva gli studenti berlinesi, viva i Tedeschi!

Als der Zug in Montagnola endete, waren wir Deutsche
allesammt zur Stelle. Die weiten Gärten waren durch
Soldaten gesperrt. Nur ein enger Eingang war vorhanden.
Bei unserer Ankunft wogte drinnen bereits eine bunte
Menschenmenge. Alle Stände waren vertreten, von den
Damen, die sonst uns nur vom Balcon aus zuzuwinken
pflegten, bis zu den Mädchen aus dem Volke, die uns sonst
aus Küchen= und Verkaufsbudenfenstern neugierig betrachteten.
Ueber unseren Köpfen, hoch in der Luft flammten tausend
und aber tausend bunte Lichter; es war ein mächtiger bunter
Stern, der sich über den ganzen weiten Raum ausbreitete.

Während inmitten des umgrenzten Platzes mehrere
Brunnen sprangen, aus denen die Anwesenden sich fortwäh=
rend erquickten, war rings an den Umfassungswänden auch
für das „höhere leibliche Wohl" der Menschenmenge gesorgt.
Da waren Kneipen aufgeschlagen, deren schlanke Kellnerinnen
sich bei näherem Zuschauen als Studenten entpuppten, ein
Café chantant und eine Volksküche, wo von Studenten

verfertigte Törtchen um hohen Preis massenweise verkauft
wurden. Eingedenk der Bedeutung Italiens für die Ent=
wickelung unserer Kunst hatte man auch die Förderung des
Kunstsinnes nicht vergessen. Man leistete diesem hohen
Zwecke Genüge durch eine „Indisposizione artistica", ein
Ausdruck, der sich höchstens etwa durch „Kunsteinstellung"
wiedergeben ließe. Der der Kunst geweihte Raum enthielt
etwa ein halbes Hundert Bilder, welche mit kühnen Strichen
auf die Bretterwände entworfen waren und die bekanntesten
Gemälde der Kunstausstellung als Carricaturen darstellten.

Unweit des Eingangs war eine Bühne aufgeschlagen.
Davor ein weites Podium, welches die Zuschauer zu fassen
bestimmt war. Um zehn Uhr begann die Aufführung. Eine
mandolinata, bewundernswerth gespielt von einem Studenten
in spanischer Tracht, eröffnete sie. Dann folgte das herz=
brechende und zwerchfellerschütternde Stück: „Die Heimkehr
aus Palästina, die unheilvolle Liebe Florindos zu Rosaura
oder der Triumph des Guten". Der Titel schon läßt ahnen,
welch ergreifende Momente das Stück barg. Es nannte sich
selbst „rührendes Drama in drei Aufzügen und acht Bil=
dern". Rührend war besonders die Aufopferung, mit welcher
die Spielenden sich beharrlich als Puppen geberdeten. Sie
traten auf, bewegten sich und sprachen wie Puppen, d. h. sie
öffneten fortwährend den Mund, wenn sie zu sprechen hatten,
während hinter der seitlichen Coulisse vorzüglich gelesen wurde.

Den Glanzpunkt des ganzen Abends bildete das phan=
tastisch choreographische Gemälde Felsina excelsior, welches
in sechs Bildern die Entwicklungsgeschichte der Universität
Bologna den Zuschauern vor die Augen führte. Ernste
Auftritte wechselten mit heiteren. Als aber Galvani mit
seinem Frosch auf der Bühne erschien und schließlich mit
ihm gar einen pas de deux tanzte, da brach ein wahrer
Beifallsdonnersturm los, und die Anwesenden konnten sich
nicht wieder beruhigen. Selbiger Frosch=Pas de deux wurde
übrigens meisterhaft ausgeführt. Er war umrahmt von
einem vollständigen Ballet, dessen Tänzer und Tänzerinnen
natürlich auch dem ehr= und sittsamen Stande der fratres

studiosi litterarum angehörten. Der primo ballerino Licinio Pedrini und die prima ballerina Augusto Vaccari leisteten geradezu Unglaubliches.

Das Stück war zu Ende, und befriedigt zog alles heim. Da begegneten meinen Genossen am Ausgang noch die Studenten von Padua und nahmen von ihnen stürmischen Abschied. „Lebt wohl und denkt an uns", riefen sie beim letzten Händedruck. „Morgen früh beginnen daheim unsere Prüfungen!" Meinen Freunden entrang sich ein Stoßdank=gebet, daß sie nicht in Padua ihre Studien zu betreiben unternommen hatten.

Am nächsten Morgen reiste das Königspaar ab. Eine halbe Stunde vor der Abfahrt standen wir bereits in Reih' und Glied auf dem Bahnsteig an der Stelle des Einsteigens, wir Deutsche natürlich dicht am königlichen Wagen, an dessen Eisenstäben ich mich zuletzt mit der Linken festhalten mußte, um nicht von dem ungeheuren Andrang vorwärts geschoben zu werden. Endlich erschien der König mit seiner Gemahlin am Arme. Mit den Spitzen der Behörden, welche anwesend waren, unterhielten sie sich eine kleine Weile, dann wandten sie sich uns zu. Da ich zufällig der Vorderste war, reichte mir die Königin die Hand, die ich natürlich küßte. Dann sprach sie noch mit uns und wünschte uns eine glück=liche Heimfahrt. Wenige Minuten später stand die königliche Familie im Wagen, und wir deutschen Studenten grüßten zum letzten Male mit gezogenen Schlägern den leutseligen König Umberto und Italiens schöne Königin Margherita.

Um zehn Uhr fand in dem Hofe des Archiginnasio eine Galvani=Feier statt. Ein Professor der Naturwissen=schaften Namens Albertoni hielt die Festrede und zeigte an der Hand einiger physikalischer Versuche die Wirkungen des Galvanismus. Der weite Hof war wie bei den frühern Feiern vollständig gefüllt, da außer den zahlreichen Stu=denten, welche zugegen waren, sich sämmtliche offizielle Per=sönlichkeiten Bolognas eingefunden hatten.

Der Nachmittag vereinigte uns wieder in den Marghe=ritagärten, wo sich die Ausstellungsgebäude befanden. Wir

nahmen zunächst die Musikausstellung in Augenschein und
ließen uns dann im Verein mit dem studentischen Festaus=
schuß in einer kühlen Halle nieder, wo wir bis gegen Abend
in gemüthlichem Kreise weilten. Es war bereits höchste
Zeit, als wir endlich aufbrachen; denn für sechs Uhr waren
wir sammt den noch anwesenden deutschen Professoren nach
dem Hotel de Brun zu einem Mahle eingeladen, das der
deutsche Consul in Bologna veranstaltet hatte. Es war
dies ein Fest im engsten Kreise. Die Stimmung war eine
äußerst fröhliche, zumal da die letzten Nachrichten aus Berlin
vom Befinden unseres Kaisers wieder etwas besser lauteten.
Unser edler Gastgeber befand sich sichtlich wohl in unserer
deutschen Gemüthlichkeit. Natürlich fehlten auch die üblichen
Trinksprüche nicht. Das Mahl war eben so reich wie sorg=
sam ausgewählt, und wir alle ließen es uns trefflich munden,
ebenso wie wir dem schaumlosen wie dem schäumenden Weine
weidlich zusprachen.

Eine Reihe Professoren war schon abgereist. Aber die
noch anwesenden waren noch in voller Feststimmung. Wäh=
rend der Tafel gelangte ein Lied des Professors von Holtzen=
dorff zur Vertheilung, welches der deutsche Consul vorlas.
Es war überschrieben „Nord und Süd" und lautete:

„Kennt ihr das nord'sche Volk in Waffen,
    Das eitle Ruhmgier nie verführt?
Wo rüst'ge Hände fleißig schaffen,
    Ein zartes Lied die Herzen rührt?
Wo prüfend, was da ist und war,
    Die Wissenschaft auf kühnen Schwingen
Gleich ihrem kaiserlichen Aar
    Zum Lichte strebt empor zu bringen?

Kennt ihr das Südland, wo aus Trümmern
    Der Vorzeit ew'ge Jugend sprießt?
Wo Wissensschätze strahlend schimmern,
    Der Künste Urquell sich erschließt?
Da werden müde Kräfte jung,
    Wenn an den blauen Felsgestaden
In Fluten der Erinnerung
    Die Pilger ihre Seelen baden.

> Durch Fels und Meer hat sich gefunden,
> Was ehemals verfeindet schien.
> Wir kennen uns, wir sind verbunden,
> Der Rheinstrom grüßt den Apennin.
> In brüderlichem Hochgefühl
>   Sehn wir gemeinsam uns beschieden
> Das gleiche Recht, das gleiche Ziel:
>   **Die heil'ge Freiheit und den Frieden.**

Kurz darauf erschien Prof. v. Holtzendorff selbst, um Abschied zu nehmen, da er eben im Begriffe war, abzureisen. Ich saß wie auch bei dem Mahle im Hotel Italia neben Geheimrath Hinschius aus Berlin und hatte Gelegenheit, diesen seiner Liebenswürdigkeit dem Studenten gegenüber wegen berühmten Herrn näher kennen zu lernen. Das „Bayerische Vaterland" des würdigen Herrn Sigl hat über unsere deutschen Professoren in Bologna mehrere sehr alberne Glossen gemacht. Ich glaube, wenn besagter Herr bei jenem Mahle gewesen wäre — ohne daß ich jedoch deswegen in Rücksicht auf die allgemeine Gemüthlichkeit seine Gegenwart hätte wünschen mögen —, so würde er jene Bemerkungen vielleicht gelassen haben. Er hätte sich dann höchstens „nach berühmten Mustern" darüber aufgehalten, daß die deutschen Professoren mit den deutschen Studenten „fraternisirt" hätten.

Unterdessen brachten die Bologneser Studenten der Zierde ihrer Universität, dem längstverstorbenen Meister Galvani, einen Fackelzug. Der Jubeltag seiner weltbewegenden Entdeckung ist eigentlich der 20. September 1886, aber man hatte die Jubelfeier auf das Stiftungsfest der Universität verschoben. Bei dem Festzug durften naturgemäß die studentischen Vertreter Deutschlands nicht fehlen, und so kam denn eine Gesandtschaft des Festausschusses, um uns abzuholen. Wir befanden uns mitten im Mahle, aber eingedenk unserer schweren Pflichten als „officielle Persönlichkeiten" beschlossen wir, von jeder Universität sollte einer hingehen. So nahmen wir denn in der Stärke von fünf Mann an dem Fackelzuge Theil. Als wir auf denselben trafen, begrüßte uns ein stürmischer Jubel, und nach wenigen Secunden marschirten wir in zwei Gliedern und vorzüglicher Ordnung mitten in dem gewaltigen Gewühle. Am Denkmal Galvani's wurde eine kurze Rede gehalten und sodann ein Kranz dort niedergelegt mit der Aufschrift: A Luigi Galvani gli studenti universitari.

Unsere Genossen hielten sich indessen noch wacker im Hotel de Brun, und am nächsten Morgen ging die Sage von unglaublichen Weinmengen, so allbort noch vertilgt worden wären.

Aber schon vor dem anbrechenden Morgen sahen wir uns noch einmal wieder, nämlich in dem Gasthaus von Hoffmeister, für welches eine allgemeine Zusammenkunft verabredet worden war.

Gegen ein halb drei Uhr mochten wir nach Hause gekommen sein, eben hatten wir uns niedergelegt zum Schlummer. Da neckten uns „leise, leise Klänge". Unter unseren Fenstern erklangen erst leise, dann immer lauter drei Mandolinen, in deren Weisen bald eine Menge von etwa fünfzig Studentenkehlen einfiel. Ich werde nie den Anblick vergessen, welcher sich bot, als meine beiden Leipziger Commilitonen, dazu „Altheidelberg die Feine" aufsprangen, sich schnell ein Baret aufstülpten, eine Schärpe umhingen und in diesem einigermaßen an die Kleidung der Bewohner der neuen deutschen Erwerbungen in Afrika erinnernden Aufzuge ans Fenster traten, um dort stürmisch mit dem Rufe evviva Lipsia, evviva Eidelberg! begrüßt zu werden. Von unten konnte man natürlich nicht sehen, welcher Art ihre Kleidung war, und sie dankten so würdevoll, daß man mindestens hätte meinen können, sie trügen Frack und weiße Binde.

Das war der letzte Tag des schönen Festes.

Uns allen war es wohl etwas wehmüthig zu Muthe, als unsere italienischen Commilitonen drunten endlich abzogen und die leisen Mandolinenklänge langsam im Geräusche der Straße verhallten.

Das Begrüßungslied Panzachi's hatte mit den Worten begonnen:

> Entra. Da qual du vegna
>   Piaggia longinqua e strana,
> Sotto la santa insegna
>   Della Scienza umana.
> Entra, o cultor del Vero
>   Qui tu non sei straniero.

Hatten wir auch mit einiger Scheu den Fuß auf Italiens Boden gesetzt, hatten wir uns auch das erste Mal nur vorsichtig in den Strom der Begeisterung begeben, der uns fortan mächtig umbrauste — jetzt waren wir keine Fremdlinge mehr im Lande Italia. Es war uns nicht schwer geworden, uns hier heimisch zu fühlen; denn die Herzen unserer Commilitonen waren uns förmlich zugeflogen, und nicht nur die Herzen unserer Commilitonen. Wir sollten das gleich am nächsten Morgen von Neuem erfahren, wo wir um zehn Uhr mit der Familie unseres geliebten Conte Biscia nach dessen Landgut Santa Viola fuhren. Vorher ließen wir vierzehn deutsche Studenten uns noch zusammen photographiren.

Im Palazza Biscia in der Via Stefano wartete unser ein äußerst herzlicher Empfang. Die Damen des Hauses, die beiden älteren Contessinen, die deutsche Gouvernante und Prof. Klinger nahmen in dem ersten Wagen Platz, während wir vier Studenten mit „dem Conte" den zweiten bestiegen. Obwohl die Sonne sehr heiß schien, war die Fahrt herrlich. Es war unser zweiter Ausflug in die Umgebungen Bolognas. Das Einzige, was störte, war der viele Staub, der rechts und links von der Straße weithin auf allem Grün lag. Bald waren wir in Santa Viola. Es ist dies eine der größten Besitzungen des Grafen. Hier trat uns ein lebendiges Zeugniß für die Liebe und den Eifer entgegen, mit welcher der geistvolle Graf für die Bildung der Kinder seiner Arbeiter sorgt. Das schöne geräumige Schulgebäude, die hübschen Sammlungen aller Art und die vortrefflichen Lehrmittel ließen uns schon auf gewisse Leistungen der Kinder hoffen. Aber unsere Erwartungen waren doch weit übertroffen, als wir nach einstündigem

Aufenthalt die Schule verließen. Schreiben, Rechnen, Geographie, Turnen und Singen hatten wir Gelegenheit näher betrachten zu können, und in der That vor den Leistungen der kleinen Mädchen in Geographie und Rechnen hätte sich mancher unserer Quintaner schämen müssen. Von der Schule ging's nach dem Parke des Landgutes, durch dessen Grotten, Lauben und stille Laubgänge wir zusammen schritten. Der kleine See war fast ganz mit Blättern bedeckt, so daß man vom Wasser wenig sah. An den Spaziergang schloß sich ein kurzer Aufenthalt im Herrenhause, wo wir frühstückten oder, um deutsch zu sprechen, Mittag aßen; denn es war gegen halb zwei Uhr. Auf der Heimfahrt besuchten wir noch den großartigen Friedhof Bolognas mit seinen hundertfach sich kreuzenden Bogenhallen und Tausenden von großartigen Marmorgrabmälern. Auch vor dem Erbbegräbniß des Hauses Biscia standen wir andachtsvoll, in dem auch ein Sohn des Conte Camillo Raineri Biscia begraben lag.

Vor dem Friedhofe nahmen wir Abschied von den Damen, von der liebenswürdigen Herrin des Hauses, die sich unser mit wahrhaft mütterlicher Sorgfalt angenommen hatte, von der kleinen deutschen Gouvernante, die an diesem Tage sehr übermüthig war, und von den beiden kleinen Contessinen, insonderheit aber von den tiefernsten unergründlichen schwarzen Augen und den vollen braunen Locken der kleinen Contessina Laura, die das schönste Mädchengesicht umrahmten, das wir jemals gesehen hatten. Merkwürdiger Weise waren wir alle vier in diesem Puncte einig.

Vom Friedhofe ging es nach der Stadt. Der Conte ließ uns nach unserer Wohnung fahren. Vor derselben nahmen wir von ihm herzlichen Abschied und mußten ihm dabei versprechen, ihn auf unserer nächsten Italiafahrt aufsuchen zu wollen. Meine Genossen waren bereits im Café verschwunden; ich stand noch einen Augenblick unter dem Säulengang. Da trat ein fremder Mann auf mich zu, ein Zeitungsblatt in der Hand, und sagte zu mir auf italienisch: „Heute um elf ist euer Kaiser gestorben!" Ich war wie vom Donner gerührt. Denn wenn wir auch wußten, daß es dem Kaiser schlecht ging, so waren doch die letzten Nachrichten in Bologna besser gewesen. Es war offenbar ein Arbeiter, der mir die Trauerkunde brachte. Ich kannte ihn natürlich nicht, aber er sah mir an, daß ich ein Deutscher sei, und unser bestaubter Wagen mochte ihm die Vermuthung nahelegen, daß uns jene Kunde noch nicht ereilt hatte. Ich trat ins Haus ein, um meinen Genossen die Nachricht mitzutheilen, aber sie hatten sie unterdessen bereits erfahren. Obwohl wir die Absicht gehabt hatten, noch vierzehn Tage durch Oberitalien zu streifen, und außerdem eine Einladung der Studentenschaft Modenas schon angenommen hatten, beschlossen wir doch, sofort heimzureisen. Die Berliner waren nach Süden gereist, ehe die Nachricht eingetroffen war, die Heidelberger und Erlanger fuhren gegen Abend ab, und auch wir begannen schleunigst einzupacken. Wir Leipziger hatten bereits eine Fahrkarte über Venedig, und da wir sie nicht fahren lassen wollten, konnten wir erst Nachts zwölf Uhr abreisen. Unser Straßburger Freund segelte eine halbe Stunde später fort. Der Nachmittag verging unter Vorbereitungen. Die Bologneser Studentenschaft wollte uns Leipzigern einen Kranz für das Grab des Kaisers mitgeben. Da die Heidelberger aber eher abreisten, so nahmen diese ihn mit. Dies zur Richtigstellung der Nachricht, welche durch alle italienischen Zeitungen ging, daß wir den Kranz mitgenommen hätten.

Der Abend versammelte uns zum letzten Male im Gasthaus Hoffmeister. Alle unsere Bekannten waren dort, und als wir gegen elf Uhr nach der Bahn zogen, geleiteten sie uns dahin. Die Stunde des Scheidens kam, und wir nahmen herzlichen Abschied, in den weitaus meisten Fällen wohl Abschied fürs Leben. Das Umarmen und Händedrücken wollte kein Ende nehmen. Alle sie, die lange unsere Hand gehalten, drückten sie stärker noch einmal, da sie sie lassen sollten. Jeder wollte der Letzte sein, der uns die Hand reichte. Als sich der Zug bereits in Bewegung setzte, sprangen noch Mehrere zu diesem Zweck auf das Trittbret. Mit uns fuhr der Vertreter von Bukarest.

Bald waren wir aus dem Bahnhof hinaus, und es wurde still im Wagen. Da lag sie hinter uns, die schöne Stadt, und mit ihr Volksjubel und Festesfreude. Unsere Koffer bargen eine große Zahl von Erinnerungen. Da war die mächtige Festschrift „Bononia docet" mit ihrem Bilderreichthum und ihrem schwungvollen Texte, ferner das Gedenkheft „Bologna e le sue esposizioni", das all die Stätten im Bilde birgt, wo wir oft uns gemeinsam gefreut hatten; weiterhin das hübsche Album riccordo, ein Geschenk des Bologneser Festausschusses, das lustige Witzblatt „Bononia ridet" mit seinem wohlgelungenen Conterfei des Pabuaner Ochsen, des unsterblichen Käses und des Empfanges der deutschen Studenten am Bahnhof, und das Urbild allen Witzes: „L'Ehi! ch'al scusa", in dem sich nicht nur eine sehr nette Caricatur des Rectors Capellini, des Dichters Carbucci und andererer Bologneser Professoren befand, sondern das sogar die Fremden nicht verschonte. Stand doch darin ein nicht zu verkennendes Bild auch eines deutschen Professors und eines unserer Erlanger Commilitonen. Letzteres Blatt zeichnete sich auch sonst durch geistreiche Erfassung großer Augenblicke aus. Dazu kamen dann die vielen italienischen Zeitungen, welche alle ohne Ausnahme in der freundlichsten Weise unsrer gedachten, die Geschenke der Bologneser Damen, Bilder des Königs und der Königin und tausend andere kleine Erinnerungen, die noch vermehrt wurden durch die Gaben aus dem Süden, die wir, heimgekehrt, auf unserem Schreibtisch fanden. Aber all ihre Summe ergab dennoch nicht das Maß der Erinnerung, das wir in unserem Herzen nach der Heimath trugen.

Als wir von Casalecchio heimgekehrt waren, war die Frage wieder aufgetaucht, ob wir denn wirklich auch jetzt noch nach Norden singen würden, wenn die betreffende Bologneserin die betreffende Aufforderung an uns ergehen ließe. Allgemeines Schweigen. Ich glaube, Mancher hätte in aller Stille nach Süden gesungen. Jetzt aber, auf der Fahrt nach Venedig, waren unsere Herzen wieder ganz der Heimat zugewandt.

Beim Morgengrauen fuhren wir in die „Seestadt Venedig" ein. Nach kurzem Morgenimbiß ging's nach dem Markusplatz. Flüchtig sahen wir uns Venedigs Kirchen und Paläste an und fuhren dann drei Stunden auf dem canale grande spazieren. Zunächst ging's hinaus nach dem Lido. Dort lagen zwei große deutsche Schiffe — die Flagge am Halbmast. Lange schaukelten uns die Wellen umher. Es war das erste Mal, daß ich das Meer sah, und der erste Eindruck wird mir ewig unvergeßlich bleiben. Es ist ein seltsames Ding um den Anblick solch einer endlosen Weite. Es mahnt unwillkürlich an Unendlichkeit und Ewigkeit. War's das Meer, was uns so ernst stimmte, oder die deutsche Flagge am Halbmast?

Unterdessen erwachte im canale grande rüstiges Leben. Barken flogen pfeilschnell an uns vorüber. Dampfboote schaukelten unser Fahrzeug durch ihre Wellen, und mit einem Male kam auch in uns der Jugendübermuth wieder zum Durchbruch. Zunächst versicherten wir uns gegenseitig, wir fänden es mindestens sonderbar, daß auf dem canale grande weder Litfaßsäulen, noch Briefkästen angebracht seien. Für die ersteren lag nun zwar kein unmittelbares Bedürfniß vor; denn wir hätten schwerlich damals irgendeine Proclamation erlassen, aber wir vermißten diese löblichen Einrichtungen nun einmal.

Morgens neun Uhr ging es weiter nach Verona. Mittags waren wir dort und trafen allda noch einmal unseren Straßburger Freund, der nach einer halben Stunde durch den Gotthard nach Hause eilte. Wir beschauten Nachmittags in Verona das Amphitheater, und dann eilten wir Abends weiter nach Norden. Um möglichst schnell nach Hause zu gelangen, fuhren wir mit dem nächsten Postzuge. Es war eine lange, lange Fahrt. Als wir auf dem Brenner waren, war es noch tiefe Nacht. Gegen Mittag waren wir in München. Erst am andern Morgen konnten wir weiterfahren, und so kamen wir in Leipzig an an dem Abend des Tages, an welchem unser edler Kaiser Friedrich zur letzten Ruhe bestattet wurde. — —